偽書が揺るがせた日本史

原田 実

山川出版社

はじめに

今年(二〇二〇年)は、日本最初の正史『日本書紀《にほんしょき》』の完成から千三百周年だという(『続《しょく》日本紀《にほんぎ》』養老《ようろう》四年〈七三〇〉五月の日本紀奏上記事に基づく)。

中華文明における歴史叙述の代表的様式である「正史」が日本でも採用されたというのは、この島国に暮らす人々の歴史意識に関する一つの画期だった。

だが、文字による記録は歴史の真実を後世に伝える手段であるとともに、虚偽を広める手段ともなりえた。そもそも「正史」にしても、その記述は必ずしも事実を正確に記したものとは限らない。

偽書作成は、虚偽を伝える手段として文字を用いる行為の代表である。偽書とは、著者や成立年代について、事実と異なる由来を主張する書物のことである。偽書が書かれる時、そこには真の著者が自分に関する情報を隠さなければならない、なんらかの事情があるということになる。そこで偽書を分析することを通して、真の著者が、何を隠し、何を偽らなければならなかったのかを浮き彫りにすることができる。

また、偽書が単に作者の個人的営為の産物にとどまらず、多くの人に受容されたなら、その内容には、当時の人々が広く共有していた欲求が反映しているはずである。

本書では、日本の歴史に登場したさまざまな偽書を取り上げ、それぞれの時代における日本人の思考・欲求を読み取ろうとするものである。その中には、日本で作られた偽書ばかりではなく、海外から翻訳を介して日本に上陸したものや、日本人に仮託して海外で作られた偽書も含まれている。それらもまた、当時の世界における日本人の立ち位置を示す貴重な事例となっているからである。

最近のアメリカでは、国民の政治的判断に、事実の確認よりも国民的な感情や偏見が優先される傾向が“post-truth”（脱真実）として問題視されている。さらにメディアの多様化によって、国民感情を挑発するような報道がチェックも不十分なまま横行し、一方でその種の、事実としては疑わしい報道こそ、国民が求める“alternative facts”（代替的事実）であるとして擁護する論法も現れている。

これはアメリカ一国の問題ではなく、同様の風潮が日本を含む多くの国で蔓延《まんえん》しつつあるようである。「代替的事実」の温床となるのが陰謀論である。なぜなら陰謀家が証拠を抹消したという論法で、まともな証拠がない話でも成り立たせてしまう立論こそ陰謀論だからである（本書第2部参照）。このような時代だからこそ、それぞれの時代の人々の感情や偏見を反映してきた偽書の歴史を見直す意義があるだろう。

近年では、偽書というテーマについて学問的専攻の枠を超えた研究者同士が協力し合える環境も整いつつある。これによって「偽書学」ともいうべき新たなジャンルが生まれる可能性も見えてきたのである（本書第3部参照）。

このように偽書の受容について考えることは、歴史とは何かを理解するとともに、現代を生きるわれわれに何がしかの効能があるのではないかと思う次第である。本書がその一助となれたなら幸いである。

偽書が揺るがせた日本史――目次

II　偽書と陰謀論

III 歴史資料として偽書をどう扱うか

編集協力：三猿舎

I

時代への欲求が生み出した偽書

第1章　古代日本の「偽書？」弾圧事件

——「正史」とはなにか？

『日本後紀』が伝える取り締まり事件

日本の正史で平安時代初期を対象とし、承和《じょうわ》七年（八四〇）に完成した『日本後紀《にほんこうき》』には、大同《だいどう》四年（八〇九）二月に平城《へいぜい》天皇（在位八〇六〜八〇九）が出した詔《みことのり》として次のような文章が記されている。

「倭漢惣歴帝譜図《わかんそうれきていふず》、＊天御中主尊《あめのみなかぬしのみこと》を標《しる》して始祖《しそ》となす。魯《ろ》王、呉《ご》王、高麗《こうらい》王、漢高祖《かんこうそ》ら如《ごと》きに至《いた》る。その後裔《こうえい》を接《つ》ぎ、倭漢雑糅《わかんぞうじゅう》す。敢《あえ》て天宗《てんそう》を垢《く》し、愚民迷執《ぐみんめいしゅう》す」

つまり、当時、『倭漢惣歴帝譜図』という系図が広まっていたが、その内容はアメノミナカヌシという神を皇室の始祖神とし、魯（現在の中国山東省《さんとう》にあった国。孔子《こうし》の祖国）、呉（中国江蘇《こうそ》省方面にあった国）、高麗（高句麗《こうくり》。現在の北朝鮮から中国東北部にまたがる国）、漢高祖（前《ぜん》漢《かん》の初代皇帝劉邦《りゅうほう》。在位前二〇二〜前一九五）らの子孫が皇室につながったとして日本の皇室

＊『古事記』において天地の初めに高天原（天上）に現れたとされる神格。具体的な事績は記されておらず、中世以降には北極星および北斗七星への信仰を仏教に取り入れた妙見菩薩ともしばしば同一視された。

と中国・朝鮮の王家が混ざり合っているとするものだった。

この系図は皇室の正統性を棄損するものだが、愚かな民がその内容を信じ込んで混乱が生じている、というものである。

つまり、皇室の系譜について公式の内容と異なる資料が民間に流布しているからと天皇自ら詔を出して、これを取り締まらせたというわけである。

ちなみにアメノミナカヌシは『古事記《こじき》』や『日本書紀《にほんしょき》』一書（本文と別に参考として引用されている伝承）において、天地の初めに現れたとされている神である。

弾圧される異伝の系図や史書

この事件と類似の事例、あるいはこの事件の異伝と思われる記述は複数の文献に見られる。

たとえば、弘仁《こうにん》三年（八一二）から四年にかけて*多人長《おおのひとなが》が官人たちを相手に行った『日本書紀《にほんしょき》』の講義を記した『日本書紀私記《しき》』、通称『弘仁私記《こうにんしき》』の序には、延暦《えんりゃく》年間（七八二〜八〇六）、新羅《しらぎ》や高麗の王が日本から出たという「帝王系図《ていおうけいず》」、氏族系譜について多くの誤りを記した「諸民雑姓記《しょみんざっせいき》」、すでに帰化している渡来系氏族を異族扱いする「諸蕃《しょばん》雑姓記」などの書物が流行したため、朝廷では諸国からこの本を集めて、焼き捨てたとの記述がある。

また、時代は下るが南北朝時代の北畠親房《きたばたけちかふさ》（一二九三〜一三五四）が著した『神皇正統《じんのうしょうとう》

＊生没年不詳。『古事記』編者とされる太安万呂の子孫で、講義の序文にも『古事記』に言及しているため、しばしば『古事記』偽書説論者からは偽作容疑者の筆頭に挙げられる。

記《き》』にも、桓武《かんむ》天皇（在位七八一〜八〇六）の御代に、日本の皇室は三韓《さんかん》の王と同種と書かれた本があったため、これを焼き捨てさせたと書かれている。

この事件は近世以降の日本でしばしば起きた偽作史書弾圧事件と一見類似した事例である。ただし、この平安時代初期の焚書《ふんしょ》において対象となったのは、いわゆる「偽書《ぎしょ》」とは限らない。

東アジア文化圏における「正史」

「正史《せいし》」とは、東アジア文化圏において、その国の王朝から正統な歴史として公認された史書のことである。東アジア文化圏においては知識人の共通言語として長らく漢文が用いられていたため、「正史」として認定されたものの多くは漢文で書かれた史書である。

中国では前漢・武帝《ぶてい》の征和《せいわ》年間（前九二〜前八九）頃に司馬遷《しばせん》が完成させた『史記《しき》』から、清《しん》代に編纂《へんさん》された『明史《みんし》』（一七三九年完成）までの二十四の史書が正史として認定されており、総称して二十四史という。二十四史の内訳は次のとおりである。

『史記』（前漢）、『漢書《かんじょ》』（後漢《ごかん》）、『後漢書《ごかんじょ》』（南朝宋《そう》）、『三国志《さんごくし》』（西晋《せいしん》）、『晋書《しんじょ》』（唐《とう》）、『宋《そう》書《しょ》』（南斉《なんせい》）、『南斉書《なんせいしょ》』（梁《りょう》）、『梁書《りょうしょ》』（唐）、『陳書《ちんしょ》』（唐）、『魏書《ぎしょ》』（北斉《ほくせい》）、『北斉書《ほくせいしょ》』（唐）、『周《しゅう》書《しょ》』（唐）、『隋書《ずいしょ》』（唐）、『南史《なんし》』（唐）、『北史《ほくし》』（唐）、『旧唐書《くとうじょ》』（後晋《こうしん》）、『新唐書《しんとうじょ》』（北宋《ほくそう》）、『旧《きゅう》五代史《ごだいし》』（北宋）、『新《しん》五代史』（北宋）、『宋史《そうし》』（元《げん》）、『遼史《りょうし》』（元）、『金史《きんし》』（元）、『元史』（明）、『明史』（清。以上、（　）内は編纂時の王朝）。

これに中華民国（北京政府）が編纂した『新元史《しんげんし》』『清史稿《しんしこう》』を加えて二十六史とする数え方もある（中華民国の歴史書については正史として承認するべき朝廷がすでに存在しない時代の編纂であるため、厳密には正史ではない）。

また、朝鮮には『三国史記《さんごくしき》』（高麗《こうらい》。一一四五年完成）『高麗史』（李氏《りし》朝鮮。一四五一年完成）や『高麗史節用《せつよう》』（一四五二年完成）、ベトナムには『大越史記全書《だいえつしきぜんしょ》』（一四七九年編纂、一六五五年の再編集を経て十八世紀まで増補）、琉《りゅう》球《きゅう》には『中山世鑑《ちゅうざんせいかん》』（和文、一六五〇年完成）や『中山世譜《せいふ》』（一七〇一年完成）、『球陽《きゅうよう》』（一七四五年にいったん完成、十八世紀まで増補）といった「正史」があった。

日本における「正史」には次の六種がある。

『日本書紀』　養老《ようろう》四年（七二〇）完成
舎人《とねり》親王撰《せん》

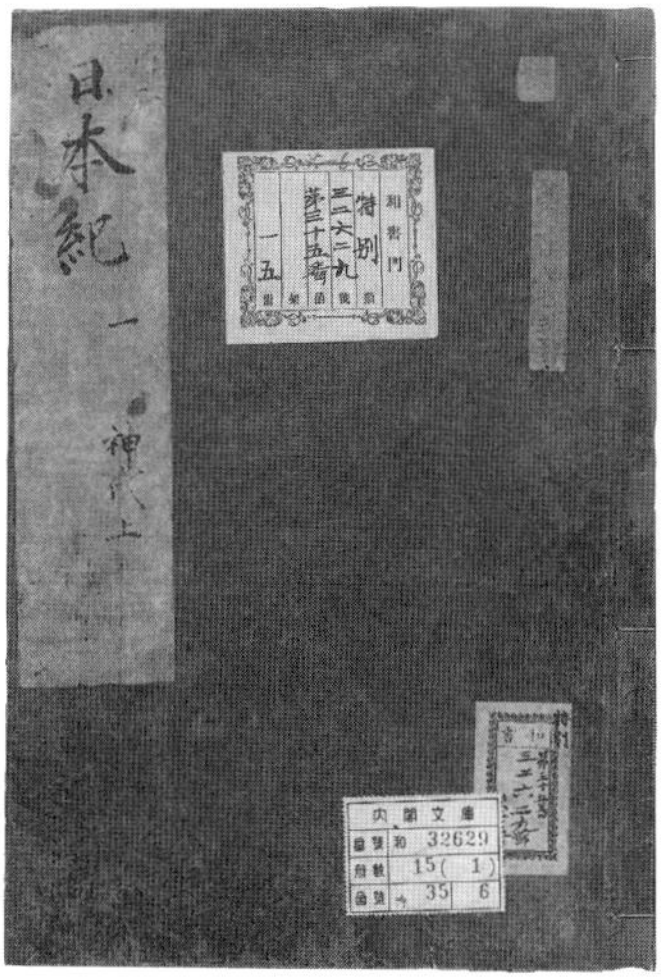

日本初の「正史」となった『日本書紀』
（江戸時代の写本。国立公文書館蔵）

『続日本紀《しょくにほんぎ》』　延暦十六年（七九七）完成　藤原継縄《ふじわらのつぐただ》・菅野真道《すがののまみち》ら撰
『日本後紀』　承和七年（八四〇）完成　藤原冬嗣《ふゆつぐ》・清原夏野《きよはらのなつの》・藤原緒嗣《おつぐ》ら撰
『続《しょく》日本後紀』　貞観《じょうがん》十一年（八六九）完成　藤原良房《よしふさ》・春澄善縄《はるすみのよしただ》ら撰
『日本文徳天皇実録《もんとくてんのう》』　元慶《がんぎょう》二年（八七八）完成　藤原基経《もとつね》・都良香《みやこのよしか》ら撰
『日本三代実録《さんだい》』　延喜《えんぎ》元年（九〇一）完成　藤原時平《ときひら》・菅原道真《すがわらのみちざね》ら撰

これらを総称して六国史《りっこくし》という。日本では六国史以降、「正史」が作られることはなかった。

「正史」が編纂され続けられたのはなぜか

中国の「正史」は前代史（革命*後、新たな王朝の下で編纂された前の王朝の歴史）という形をとったものが多い。「正史」というのは現在（編纂当時）の国家体制がいかにして成り立ったかを、その国家の視点から過去に遡《さかのぼ》って説明するものである。

したがって、国家成立の直接のきっかけともいうべき前王朝の衰退や滅亡について説明する形式が多くなるのも当然だろう。

また、「正史」の記述が国家の公式見解となる以上、当然ながらその国家にとって都合が悪いことは書くのを避ける傾向がでてくる。

さらに「正史」には、かつての王朝が滅びた経緯を教訓としたり、国家が求める道徳を織

＊前近代の東アジアにおいては天の支持を失った王朝が別の王朝に取って代わられるという意味。王朝交代に際しては、それまでの王家（皇家）とは別の姓の家が取って代わるため、「易姓革命」ともいわれる。

り込んだりする必要から、史実の中にしばしば寓話《ぐうわ》的なフィクションを混ぜる傾向もある。「正史」であるということは、そこに書かれている内容のすべてが事実だという保証にはならないのである。

「正史」が現在の国家の起源を過去に遡って説明するものだというのは中国以外でも共通である。朝鮮でもベトナムでも琉球でも「正史」は国家的な一大転機の後で一応の安定がもたらされたところで編纂が始まっている。

たとえば朝鮮では、統一新羅から高麗への革命、高麗から李氏朝鮮への革命により、それぞれの新王朝で「正史」を作る必要が生じた。

ベトナムの場合は、一四二七年、それまでベトナムを支配下に置いていた明との戦いに勝って独立を得たことが「正史」編纂につながった。琉球の場合は逆に、薩摩《さつま》の琉球侵攻（一六〇九年）によって琉球王府が独立を失ったことが過去を見なおすきっかけとなった。

そして日本はといえば、白村江《はくそんこう》の戦い（六六三年、現在の錦江《クムガン》河口付近で行われた倭《わ》・百済《くだら》連合と唐・新羅連合の決戦）と**壬申の乱**《じんしん》*（六七二年、天智《てんじ》天皇崩御後、天智の弟である大海人《おおあま》皇子（天武天皇）が反乱を起こし、天智の子である大友《おおとも》皇子を自決に追い込んだ事件）、すなわち朝鮮半島での利権を失うほどの大規模な敗戦と、国内を二分した内戦とが契機となり、国家として事態を説明するために「正史」を作ろうという機運が生じたものと思われる。

＊大海人皇子は翌年即位したが、『日本書紀』では１年遡って天武天皇元年を天智天皇即位と同年としたため、形式上は大友皇子の方が天皇に背いたという文面になっている。

そして最初の「正史」である『日本書紀』成立後も、母方が百済系渡来人で、有力な外戚を持たない桓武天皇や、臣籍出身から皇族に編入された醍醐《だいご》天皇（在位八九七～九三〇）のようにイレギュラーな出自の天皇が出たため、国家としてその背景を説明するために「正史」が作られ続けたものであろう。

「正史」の編纂と「偽」なるものの成立

さて、「正史」が作られるということは、過去に関する国家の公式見解がいったん定められるということである。その「正史」を普及させ、定着させる間、国家としては公式見解に反する記録を排除していかなくてはならない。

平安初期の焚書においては、その対象の書物が「偽」とされたのは「正史」と相いれない内容だったからである。言い換えると、それらは「正史」ができることで「偽」の側に追いやられたのである。それらが、著者や成立年代を偽るという意味での偽書であったかどうか、現物が失われた今となってはもはやわからない。

手塚治虫《おさむ》（一九二八～八九）の漫画『火の鳥――ヤマト編』（初出一九六八～六九）では、ヤマトの大王がクマソを討とうとする理由は、クマソが大和《やまと》と違う真実の歴史書を作ろうとしたためだとされていたが、平安時代の焚書の記事には、そうしたロマンをかきたてるような要素がある。

偽書を生み出す種となった「正史」の存在

しかし、「正史」が国家の公式見解だとしても、それはあくまで、編纂された時代におけるものにすぎない。時代の変遷とともに「正史」の認識と社会が求める物語との間にずれが生じてくることもある。そこで、その認識の違いを埋める形で「正史」から漏れた（と称する）話が古人に仮託《かたく》された形で作られることになる。かくして「正史」の存在がかえって偽書を生み出す種となっていくのである。

中国において、偽書との戦いは史学における重要なテーマであり、清代に考証学（古い文献の記述を根拠として提示しながら論証する学問）を生む基礎となった。

また、一方では「正史」の記述にあきたらない人々が稗史《はいし》（民間の歴史書）や小説を書くようになり、それは明代において『三国志演義《えんぎ》』『封神演義《ほうしんえんぎ》』など「正史」そのものに題材をとった白話《はくわ》小説を生むことになった（白話とは庶民にも馴染《なじ》みやすい口語調の書き言葉）。

ちなみに白話小説の多くは作者の名が秘されたものである（作者として＊**施耐庵**《したいあん》や**羅貫中**《らかんちゅう》といった実在の文人の名を挙げるものもあるが実際には仮託と思われる）。

それは当時の中国には、白話小説など教養ある人が書くものではないという偏見があった

＊施耐庵は『水滸伝』の作者とされる明代の人物。墓誌や系図などが残っているが、信憑性に乏しく実在は疑わしい。羅貫中は『三国志演義』『平妖伝』など複数の小説を書いたとされる人物。『水滸伝』の編者にも擬される。

せいであった。結果として明代白話小説は、その匿名性において偽書に近い性質を帯びることになった。

日本の場合は、六国史と同じ時代を別の視点から見た文献としては、主に平安時代後期に作られた鏡物《かがみもの》と呼ばれる和文の歴史物語がある一方で、さまざまな偽書も作られた。

六国史の中でも、偽書作成につながる想像力の源泉としてとくに重要だったのは『日本書紀』である。『日本書紀』から派生した偽書は近代においても、いわゆる「古史古伝《こしこでん》」「超古代史《ちょうこだいし》」として生み出され続けた。

第2章

「名言」として伝わる身近な偽書

――「東照宮御遺訓」ほか

「偽書」とは何か

ぎしょ【偽書】①本物ににせて書いた手紙。にせてがみ。②にせて作った書籍。③内容を仮託して作った書物。

かたく【仮託】かこつけること。ことよせること。(『広辞苑』第七版、二〇一八)

「偽書」という言い回しは、中国で最初に「正史」とされた司馬遷《しばせん》著『史記《しき》』(前九一年頃成立)にも出てくる。

たとえば、『史記』巻六十九の「貨殖列伝《かしょくれつでん》」(財産を築いた大商人たちの伝記)では、官吏が、発覚すれば刑罰を受けるのも承知で「偽書」を行うのも富を得るためだ、というくだりがある。この場合の「偽書」は「書《しょ》を偽《いつわ》る」、つまり文書を偽作するという行為そのものを意味している。つまりは公文書偽造や偽証文作りである。

また、『史記』巻二十八、帝王皇帝が天と地の神を祭って即位を報告する儀式について記した「封禅書《ほうぜんしょ》」には、少翁《しょうおう》という道士が、絹の布に文書を記して牛に食べさせ、「牛の腹の中に奇瑞《きずい》（めでたい印）がある」と言ってその牛を殺させた。はたして腹中から文書が出てきたが、前漢《ぜんかん》の武帝《ぶてい》（在位前一四一～前八七）はその筆跡が少翁と同じであることに気付き、「偽書」であると見抜いて少翁を殺した、という記述がある（この話は同じ『史記』の巻十二、武帝の伝記である「孝武本紀《こうぶほんぎ》」にも出てくる）。

本書において、主に取り上げる「偽書」は『広辞苑』でいうところの③の意味である。つまりは本来の由来を隠し、実際の著者や成立時期とはまったく別の人物や時代にことよせられた（関連付けられた）書物というわけだ。

「東照宮御遺訓」という偽書

偽書というと内容的にも荒唐無稽《こうとうむけい》な書物という印象を持たれがちだが、歴史の教科書に出てくる有名な文献や史料にも、偽書の可能性が高いものがある。

さらに偽書の中には、その内容があまりにも有名になりすぎたため、現在では偽書だということさえあまり知られていないものさえある。たとえば、（厳密には書物とは言えないが）

「東照宮御遺訓《とうしょうぐうごいくん》」なるものがある。

「人の一生は重荷を背負いて遠き道を行くが如《ごと》し。いそぐべからず」で始まる人生訓で、一般には徳川家康《とくがわいえやす》（一五四三～一六一六）が残した教訓とされている。書籍や雑誌記事にしろ、ウェブサイトにしろ、戦国武将の名言集などと銘打ったものでは必ずといってよいほど取り上げられる文章である。

この教訓はもともと江戸時代後期の天保《てんぽう》元年（一八三〇）頃、水戸黄門《みとこうもん》（徳川光圀《みつくに》。一六二八～一七〇〇）が残した言葉として広まったものだった。

人のいましめ　　水戸黄門公御作之由
人の一生ハ重荷を負《お》ひて遠き道を越行《こえゆく》か如《ごと》し
いそくへからず　怠《おこた》るへからす　不自由を常と思へハ　足らさる
事なし　心に望み浮まま　困窮したる時をおもひ
出すへし　勤《つとむ》る事苦労ニおもはは戦国に生れたる人を
おもふ計るへし　堪忍《かんにん》ハ無事長久のもと　怒りは
敵をもとむる種　勝ツ事を知りて　負る事を
しらねハ　禍《わざわい》其身《そのみ》に至る　交りを結ふにハ己《おのれ》を責《せめ》て

人を責す　人を懐るハ仁にあり　信を失ハさるは物を内場にするにあり　義に違ハさるハ我を捨るにあり

地獄餓鬼畜生阿修羅仏菩薩

何にならふとままな一念

（徳川黎明会《れいめいかい》・徳川林政史研究所監修『江戸時代の古文書を読む――家康・秀忠・家光』二〇〇二、所収）

ところが、この言葉が徳川光圀ではなく徳川家康の遺訓だという説が生じた。臨済宗の禅僧白隠慧鶴《はくいんえかく》（一六八五～一七六八）の『心要善悪種蒔鏡和讃《しんようぜんあくたねまきかがみわさん》』が、天保六年（一八三五）に寂《じゃく》庵大静《あんだいせい》という僧によって出版された際、寂庵は「人の一生ハ」の教訓を一部改変して「東照御神君台諭」という表題で収めた。東照神君とは東照宮の祭神としての家康の尊称である。

そして、明治十一年（一八七八）頃、池田松之介《まつのすけ》という元旗本がさらに一部変えたうえでその教訓を書写、それに署名と花押《かおう》（サイン）を入れて家康六十三歳の自筆文書としての体裁を整え、「東照宮御遺訓」として日光東照宮に奉納した。

そして、この偽作文書が根拠となり、「人の一生は重荷を背負いて遠き道を行くが如し。いそぐべからず」云々《うんぬん》は家康の名言になってしまった。この教訓はもともと家康とは（そして初出時期の新しさから見て、おそらくは光圀とも）無関係のものだったのである（徳川義宣「一連の徳川家康偽筆と日課念仏」『金鯱叢書』第八輯《しゅう》・一九八一、同「徳川家康遺訓『人の一生は』についで」『金鯱叢書』第九輯・一九八二）。

以上の事実を考証した徳川義宣（一九三三〜二〇〇五）は尾張《おわり》徳川家の直系で、徳川黎明会会長・徳川美術館館長として先祖の顕彰に終生務めた人物だった。とくに家康遺文の研究では『徳川家康真蹟集』（一九八三）『新修徳川家康文書の研究』（一九八三）の業績があり、「東照宮御遺訓」の正体解明もその研究の過程で行われたものであった。

夏目漱石の名言にも後世の偽作が

「人の一生は」云々の格言がここまで有名になったのは、家康直筆という文書の「現物」があればこそである。「東照宮御遺訓」は、由緒定かならぬ文章であっても、古人に仮託された偽書となることで影響力を増すこともあるという代表例といえよう。

「東照宮御遺訓」ほど有名ではないにしても、偉人の名言とされるもので実際には、その人物の言だとする根拠がなく偽作の可能性が高いものだったり、もともとは別の人物の言葉として伝わっていたものがより権威ある（とみなされた）人物に仮託されたりした例は多い。たとえば、文豪・夏目漱石《なつめそうせき》（一八六七〜一九一六）が英語教師だった頃、学生たちに"I love you"を翻訳せよとの問題を出し、自ら「月がとても青いなあ」もしくは「月が綺麗《きれい》ですね」という例文を示したとの話がある（たとえば、豊田有恒『あなたもSF作家になれるわけではない』一九七九）。だが、『三省堂国語辞典』編集委員として日本語の用例を収集してきた飯間浩明氏の二〇一四年七月十日のtweetによると、この話には漱石自身はもちろん門下や関係者などの裏付け証言が残っておらず、昭和後期の偽作の可能性が高いという。

アインシュタイン博士の予言

大正十一年（一九二二）、相対性理論の発見者としてすでに世界的な名声を得ていた科学者アルバート・アインシュタイン博士（一八七九〜一九五五）が来日した際、日本と日本人を讃《たた》えるメッセージを残したという話がある。そのメッセージは次のようなものだったとされ、とくに一九七〇年代以降の日本礼賛本や精神世界系のオカルト本にしばしば引用されてきたものである。

　世界の盟主
　　世界の未来は進むだけ進み

その間、幾度か争いは繰り返されて
最後の戦いに疲れる時がくる
その時、人類はまことの平和を求めて
世界的な盟主を挙げなければならない
この世界の盟主なるものは
武力や金力ではなく
あらゆる国の歴史を抜き越えた
最も古くまた尊い家柄でなくてはならぬ
世界の文化はアジアに始まって
アジアに帰る
それはアジアの高峰
日本に立ち戻らねばならぬ
われわれは神に感謝する
われわれに日本という尊い国を
作っておいてくれたことを。

アルバート・アインシュタイン

だが、アインシュタイン博士について信頼できる語録や来日記録をいくら調べても、「世界の盟主」に関する記述は出てこない。そもそも、この言葉がアインシュタインのものだという証拠は一切ないのである。

アインシュタイン博士とシュタイン博士

さて、明治期に勃興した神道系新宗教・大本《おおもと》は、大正期と昭和初期に大弾圧を被《こうむ》ったことで有名だが、その教団が一九六七年に発行した教義入門書『大本のおしえ』には次のような一節がある。

「スタイン博士もいった。〝近世日本の発達史ほど、世界を驚かしたものはない。この驚異的進展、そこには他の国と相違する、何ものかがなくてはならないと思っていた。果たせるかな、三千年の歴史がそれであった。世界の文化はアジアに創ってアジアに還り、それはアジアの高峰、日本に立ち戻らねばならぬ。天はわれら人類のために、日本という尊い国を造っておいたのである〟」

この言葉が「世界の盟主」なるメッセージと似ているのは一目瞭然である。ただし、その発言者はアインシュタインではなくスタイン博士となっている。

戦前の日本で「スタイン博士」として知られていた人物といえば、まず挙げられるべきはオーストリアのウィーン大学教授ローレンツ・フォン・シュタイン教授（一八一五〜九〇）だ。シュタイン教授の学識を慕う伊藤博文は彼を日本に招聘《しょうへい》しようとしたが、シュタイン教授は高齢を理由に断った。そこで日本からヨーロッパに派遣された政治家や学者がウィーンを訪ねてはシュタイン教授の教えを求めるという「スタイン詣《もう》で」が繰り返されるようになった。明治二十二年（一八八九）発布の大日本帝国憲法にはシュタイン教授の法理論が大きな影響を与えている。

「世界の盟主」出典の発見

現・東京大学名誉教授でドイツ文学専攻の中澤英雄氏は二〇〇五年十月に「世界の盟主」出典発見に関する論文を発表した（中澤英雄「アインシュタインと日本」『致知』二〇〇五年十一月号）。

中澤氏によると、その出典は昭和三年（一九二八）のベストセラー『日本とは如何《いか》なる国ぞ』だった。その中の小見出し「スタイン博士の至言」「世界の盟主」という箇所にこの言葉が出てくるのである。著者は田中智学《ちがく》（一八六一〜一九三九）、国柱会《こくちゅうかい》という教団を組織し、国粋主義・日蓮《にちれん》主義の論客として鳴らした人物で、宮沢賢治《みやざわけんじ》が日蓮主義に傾倒したのも田中の影響とされている。

田中の著書には、田中自身の言葉として、「世界の盟主」そっくりの主張が見られる箇所もある。「世界の盟主」はもともと田中が自分自身の思想をシュタイン教授に仮託して述べたものとみてよいだろう。

さらに中澤氏によると、「世界の盟主」がアインシュタイン博士の言葉とされる初期の事例は今村均《いまむらひとし》著『祖国愛』（一九五六）という書籍に見られる。この前年の一九五五年はアインシュタインの死去で関連報道があふれた年であり、そこで「スタイン博士」と「アインシュタイン博士」のすり替えが生じたようだという。

シュタインにしろ、アインシュタインにしろ、日本人への好意的な側面はあった。しかし、シュタインは、日本は新しい国だからこそその将来に期待できると述べており、「スタイン詣で」の際に国士気取りで日本の古さを誇りたがる人物には批判的な態度をとっていた（スタイン著、國學院大學日本文化研究所編『近代日本法制史料集・第18』一九九七）。アインシュタインは特定の民族や国家を神聖視するような考え方ともっとも遠いところにいた人物であった。「世界の盟主」のような文章をありがたがるのは、シュタインとアインシュタインが日本に寄せた好意をともに裏切るものである。

乖離する学術研究と偽書流通の場

中澤氏による「世界の盟主」原典発見は、『朝日新聞』に大きく取り上げられたこともある（「ネットで流行〝アインシュタインの予言〟日本絶賛〝本人と無関係〟」『朝日新聞』二〇〇六年六月六日付夕刊）。

しかし、この記事が出た後もSNSでの発言やブログ、著書などにおいて「世界の盟主」をアインシュタインの発言として引用する人は後を絶たない。愛国心や郷土愛をくすぐられる話や、教訓めいた「いい話」に対して、その真偽をあまり気にしないまま受け入れてしまう人はこの世間に少なからずいるのである。

面白いのは、私が科学史関連の学会に行った際、アインシュタインの研究を専攻している人たちに「世界の盟主」の話題を出すと、決まって「今まで聞いたことがない。初耳だ」という答えが返ってきたことだった。アインシュタイン研究者の間で知られていない「アインシュタインの名言」というのは滑稽《こっけい》だが、今にして思えば、その状況こそ学術研究の場と、偽書が真実として通用する場との乖離《かいり》を示していたように思われる。

さて、偽書の中には、かつてはそれこそ現在の「東照宮御遺訓」のような影響力を持っていたが偽書であることが知られるにつれて、次第に忘れ去られていったものもある。そのような偽書の例として次章では『和論語《わろんご》』（「やまとろんご」とも読む）の例を取り上げてみたい。

第3章

偽書づくりの巨人・沢田源内

――『和論語』ほか

石田梅岩も魅せられた『和論語』(『倭論語』)

高校生の頃、石田梅岩《ばいがん》(興長《おきなが》。一六八五～一七四四)という人物に関心を持って、関連書籍を読み漁《あさ》ったことがある。梅岩は商人のための道徳を説いた人物で、その教えを奉じる人々は石門心学《せきもんしんがく》という一派をなし、江戸時代の庶民の間で広く受け入れられていた(落語『天災』に出てくる「心学の先生」というのはこの石門心学の講師のことである)。

梅岩に関する書籍には、しばしば彼に影響を与えた書物として『和論語《わろんご》』という名が出てくる。それは一介の高校生にとっては謎の存在だった。梅岩の研究者の著書には、知っていて当然とばかりに説明なしに出てくるのに、いざその本について調べようとすると(当時の私には)まったく手掛かりが見つからなかったのである。

『和論語』(『倭論語』とも表記)は、天照大御神《あまてらすおおみかみ》をはじめ有名社寺に祭られたり『日本書紀』

に登場したりした神々百十七柱の託宣《たくせん》（お告げ）を集めた第一巻「神明部」、神武《じんむ》天皇をはじめ天皇・皇子六十三人の言葉を集めた第二巻「神皇親王部」、藤原鎌足《ふじわらのかまたり》をはじめ公家二百二十人の言葉を収めた第三・第四巻「公卿部」、古代から近世までの武人・武士百六十四人の言葉を収めた第五・六巻「武家部」、皇族・公家の有名女性百十一人の言葉を収めた第七巻「貴女部」、聖徳太子《しょうとくたいし》（厩戸《うまやどの》皇子《みこ》）など仏教を保護した皇族や有名な僧侶二百二十七人の言葉を収めた第八巻・第九巻・第十巻「釈《しゃく》氏《し》部」の全十巻よりなる。その序文によると、『和論語』編纂《へんさん》は後鳥羽《ごとば》院（一一八〇～一二三九）が学者の清原良業《きよはらのよしなり》（一一六四～一二一〇）に命じて承久《じょうきゅう》元年（一二一九）から着手させたものであり、その後、数多くの学者たちに引き継がれて寛永《かんえい》五年（一六二八）にようやく完成を見たものだという。

その特徴は、歴史上の人物を幅広く取り上げていることと、それらの人物について他の文献にはない

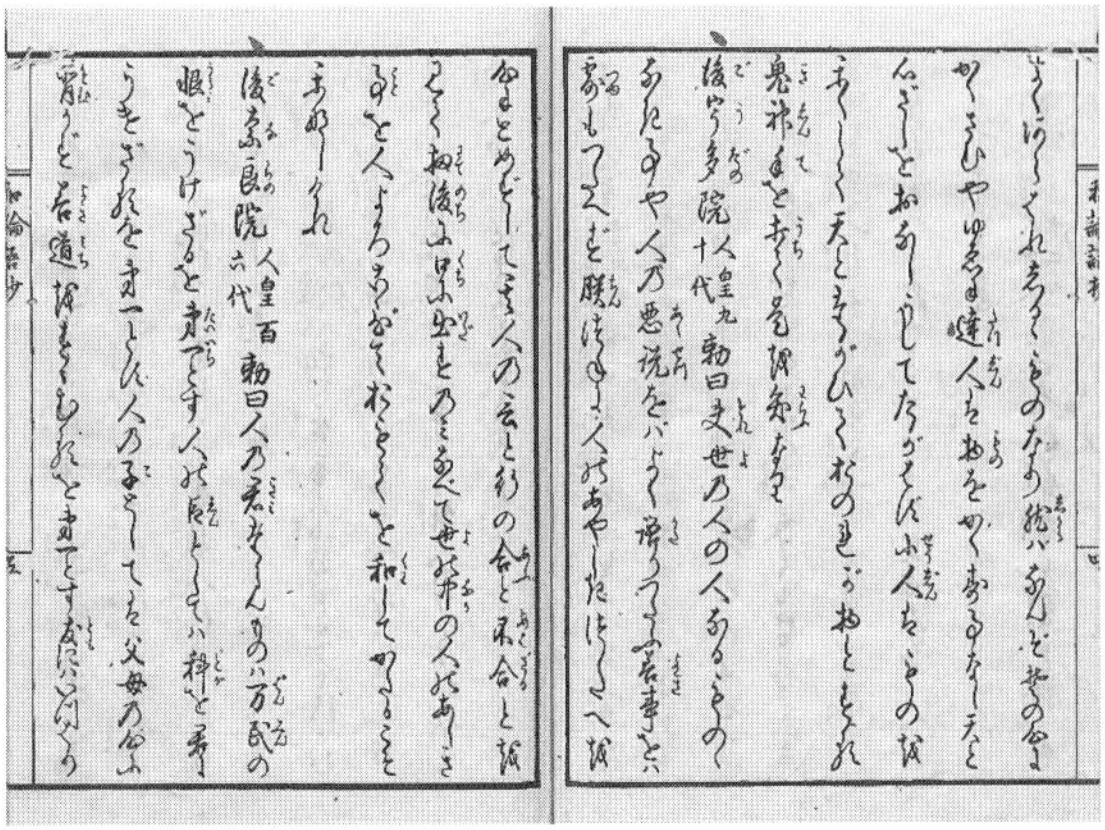

『和論語』の抄出本（嘉永３年〈1850〉刊。国立公文書館蔵）

ような珍しい発言がしばしば収められていることである。

たとえば第六巻には、源《みなもとのはるのぶ》晴信（武田信玄《たけだしんげん》）が同時代の武将について論評したことが記されている。信玄は、織田信長《おだのぶなが》・上杉謙信《うえすぎけんしん》・六角義秀《ろっかくよしひで》・浅井長政《あざいながまさ》らの武勇にはいずれも欠点があるとしながら、松平蔵人家康《まつだいらくろうどいえやす》（徳川家康）のみその武徳を認め「家康命ながくば必ず天下の加助をえて大きに弓馬の名あらはれん」と評したという。

『和論語』が今でも広く読まれていたなら、この信玄の武将評など、ビジネス書や戦国史概説書に取り上げられてもよさそうである。

『和論語』は、江戸時代から明治時代にかけて通俗道徳の書として広く読まれていたものだった。その普及には先述のように石田梅岩がこの書物を珍重していた影響もあった。

国立国会図書館デジタルコレクションでは明治三十三年（一九〇〇）に出版された刊本を読むことができる。

江戸時代中期に登場した『和論語』偽書説の流れ

しかし、一方で『和論語』については、江戸時代中期の考証家・伊勢貞丈《いせさだたけ》（一七一八〜八四）の『安斎随筆《あんさいずいひつ》』以来、偽書ではないかとの指摘がなされ続けていた。

そして、大正期に宗教学者の加藤玄智《げんち》（一八七三〜一九六五）が論文「倭論語の本文批評的研究」（『明治聖徳記念学会紀要』第三〜五巻、一九一四〜一五）という論文で精緻《せいち》な考証を行い、近世初期の文献の改変が多く含まれていることなどから偽書であると明らかにしたのである。加藤本人は『和論語』の内容に好意的だったが、それ以降、『和論語』はたちまち読まれなくなってしまった。

日本大学教授（宗教学・思想史専攻）の三宅守常氏は一九九六年の論文で、『和論語』の研究はきわめて少ないとして加藤の論文と勝部真長《かつべみたけ》（一九一六〜二〇〇五）著『「和論語」の研究』（一九七〇）の二点のみが従来の主要な研究成果だったとしている（三宅守常「石門心学における道歌の展開と庶民倫理」大倉精神文化研究所編『近世の精神生活』一九九六、所収）。

それから二十年以上経た今も研究状況は大きく変わらない。

『和論語』の偽作者は沢田源内か

さて、『和論語』が偽書としてその偽作者は誰か、それについて伊勢貞丈から加藤、勝部にいたる研究者たちの考証はただ一人の人物を指している。

その人の名は沢田源内《さわだげんない》（一六一九〜八八）、近江《おうみ》源氏の雄・六角氏の末裔《まつえい》と称し、六角氏郷《うじさと》、佐々木義綱《ささきよしつな》などという名も用いていた。

室町時代後期、宇多《うだ》源氏佐々木氏の一族で近江国守護《しゅご》だった六角氏では、第十三代・氏綱《うじつな》

（一四九二〜一五一八）が早世したために弟の定頼《さだより》（一四九五〜一五五二）が家督を継ぎ、やがて北近江の浅井氏を配下に置き、幕府の政治にも介入するという最盛期を迎える。東京大学准教授（日本中世史専攻）の村井祐樹氏のようにこの時期の定頼を「天下人」とみなす研究者さえあるほどだ（村井祐樹『六角定頼』二〇一九）。だが、定頼の子の義賢《よしかた》（承禎《じょうてい》。一五二一〜九八）は織田信長と対立して敗れ、以来、六角氏は威勢を失った。

通説では氏綱の系統は絶えたとされている。そこで源内は、氏綱には義実《よしざね》という実子がおり、定頼の系統が衰えた後も、氏綱の系統が義実—義秀《よしひで》—義郷《よしさと》という系譜で近江に勢力を保ち続けていたとして、自分こそその義郷の子だと主張したのである。

さらにいえば、源内の主張では、信長と対立していた定頼系の六角氏はあくまで庶流であり、源内の祖先である氏綱系こそが六角氏の嫡流だったということになる。

源内の出自については諸説ある。もともとは近江国雄琴《おごと》村（現・滋賀県大津市雄琴地区）の農民で沢田喜太郎という名前だったものが、京都の法蓮院《ほうれんいん》で法親王《ほっしんのう》（皇族出身で門跡《もんぜき》として出家しても親王の位を与えられている僧）の稚児《ちご》として仕えていたが盗みを働いたために寺を追われたという話や、近江国堅田《かたた》村（現・滋賀県大津市堅田地区）の百姓、仁左衛門の息子だったものが比叡山《ひえいざん》に稚児として入り、そこで読み書きを学んでから諸国を旅した、という話などさまざまな噂《うわさ》があったようである（今田洋三『江戸の禁書』一九八一、他）。

承応《じょうおう》二年（一六五三）、江戸に出た源内は六角氏嫡流として水戸徳川家に系図を提出、仕官を求めたが、その系図は出来が悪かったようであっさり偽作がばれて近江に逃げ帰った。

偽作者としての源内の快進撃はそれ以降に始まる。江戸時代の出版業は幕府機関の統制下にあったが、源内の偽書はその目を逃れ、続々と刊行された。それは『江源武鑑《こうげんぶかん》』二十巻、『浅井日記《あざいにっき》』などの戦国時代に書かれたという記録群や、『大系図《おおけいず》』三十巻という六角氏以外の諸氏族について記した膨大な系図などだった。

源内は近江に身を潜め、依頼を受けての系図作りで糊口《ここう》をしのぎながら七十歳でその生涯を終えたという。

『江源武鑑』『和論語』で活躍する六角氏一族

源内が世に出した記録には、義実―義秀―義郷の三代を中心として六角氏一族の活躍が生々しく描かれている。たとえば『江源武鑑』などによると、桶狭間《おけはざま》の戦い（一五六〇年）の時に六角義実が信長のために援軍を出して今川義元《よしもと》を討ち取ったという。

また、六角氏の居城だった観音寺城《かんのんじ》（現・滋賀県近江八幡市）は永禄《えいろく》十一年（一五六八）に信長の手に攻められて廃城となったとされているが、『江源武鑑』では、その後も六角氏によって守られ続けていたという。

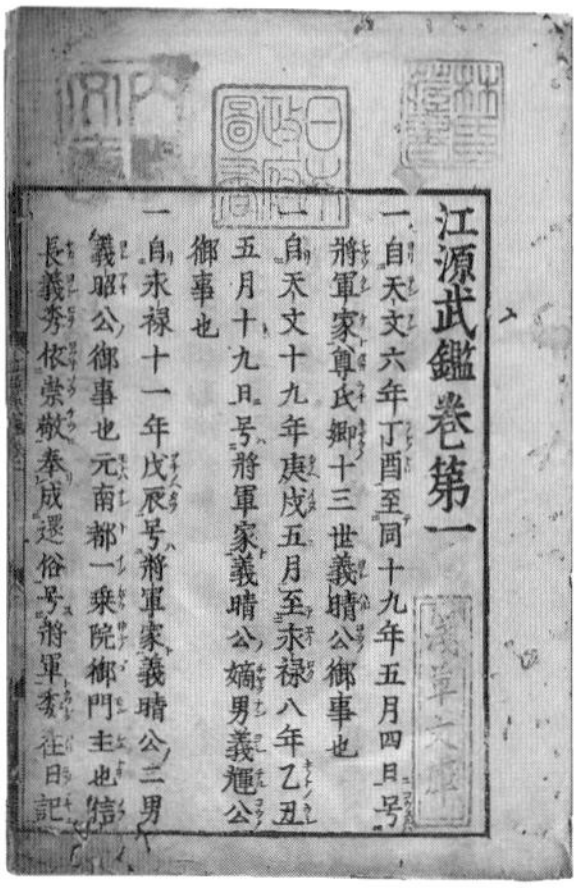

『江源武鑑』（明暦２年刊。国立公文書館蔵）

本能寺《ほんのうじ》の変（一五八二年）の時には異変を知った観音寺城主・義秀が兵を動かして明智光秀《あけちみつひで》の居城だった坂本《さかもと》城（現・滋賀県大津市下阪本）を攻めたが、その間に明智軍が信長の居城だった安土城と観音寺城とを攻め落としていた。これを近江入替合戦という。

もちろん実際には、義実―義秀―義郷の三代は源内が作り上げた架空の人物であり、『江源武鑑』や『大系図』などは源内の偽作、桶狭間の戦いや本能寺の変の秘話なども創作された物語だった。

『和論語』もまた源内の架空の祖先たちに活躍の機会を与えるための文献だった。『和論語』第六巻において武田信玄が六角義秀の人物評価を行ったとされるのは先述のとおりだ。

さらにその第六巻には「源義秀」（六角義秀）やその弟とされる「源義頼」、「源義郷」（六角義郷）が残したとされる格言が収められている。

また、やはり『和論語』巻六に出てくる話で、関白豊臣秀次《ひでつぐ》（一五六八～九五）が六角義郷の邸宅で遊びにふけっていた時、義郷から次のようにたしなめられて恥じ入ったという。

「今の世万民大きに苦しめり。上には遊乱して、大名高家おごりて民を苦しむる事、古今にたぐひなし。然《しか》らば君は天下の父母、国主は其国《そのくに》の父母なるに、親として子のくるしみを忘れ、旦夕善つくし美つくしぬるは君第一の物忘《ものいみ》にあらずや」（今の世はかつてないほど身分が高い人が遊び惚《ほう》けて民を苦しめている。君主ともあろう者は民の親も同然なのに良い品美しき品を集めて楽しみ我が子ともいうべき民の苦しみを忘れている）

この話は、最期は秀吉から謀反の疑いをかけられて自害に追い込まれた秀次のわきの甘さをふまえ、当時の六角氏が関白を迎えるほどの豪邸に住める立場だったこと、義郷がその関白相手に政道批判を行うような硬骨漢であるなどを暗に物語るものである。

このくだりを読んでいると『和論語』に収められた膨大な格言は、真の作者・源内の架空の祖先たる六角義郷のキャラ立ちに捧《ささ》げられていたとさえ思われてくる。

勝部真長は源内について次のように評した。

「『和論語』の作者のごとき才筆の持ち主、さらに故事に通じ、一個の思想を持った人物なら、戦国の世なら竹中半兵衛のような軍師としても通用したかもしれない。沢田源内が通俗の軍談や系図の書を多くものしたのは、泰平の世における市井の人物の鬱屈《うっくつ》した不平の気の現われであろう」（『「和論語」の研究』）

なお、源内の偽書があまりに膨大なことから、源義経《よしつね》が大陸に渡って金《きん》（女真族《じょしんぞく》の国）の将軍になったという『金史別本』逸文《いつぶん》なる文書についても、その偽作者を源内にあてる説がある。私も以前の著書でこの説を支持したことがあるが、現在では必ずしもそれに与《くみ》するものではない。

『江源武鑑』＝真正の古記録説

『江源武鑑』などについて、源内の偽作であることを否定し、真正の古記録だと言い張る人は最近になっても絶えない。

歴史作家の徳永真一郎《とくながしんいちろう》（一九一四〜二〇〇一）は『近江源氏の系譜』（一九七五）において近江八幡市在住だった郷土史家・田中政三《まさぞう》の『江源武鑑』研究を紹介し、「偽系図作り沢田源内の汚名も、三百年ぶりにそそがれる」かもしれないと記した。

経済学者の栗本慎一郎氏は、徳永の著書にインスパイアされ、織田信長が六角氏を通して山の民のネットワークと結びついていたとして、近江入替合戦を「史実」として取り上げている（栗本慎一郎・小松和彦『経済の誕生』一九八二、栗本慎一郎『都市は、発狂する。』一九八三）。

現在、『江源武鑑』など擁護の論陣をもっとも熱心に展開しているのは哲学者の佐々木哲氏（著書『系譜伝承論』二〇〇七、他）である。佐々木氏は、偽作者といわれた沢田源内と『江源武鑑』などを世に出した六角氏郷（佐々木氏郷）は別人であるとするなど、いくつもの作業仮説を重ねることで、その偽作性を否定しようとしている。

歴史の表舞台から一歩身を引きながら織豊《しょくほう》政権の展開に関与し続けた六角氏というイメージは魅力的である。田中や徳永、栗本氏や佐々木氏ら『江源武鑑』などの支持者はその魅力にとりつかれたものだろう。

ちなみに村井祐樹氏は先述の著書で『江源武鑑』について次のように辛辣《しんらつ》に評している。「既に江戸時代において偽作と結論の出ているものなど、一顧だにする価値は無い。あえて言おう、カスであると。そんなものを使わなくても六角氏の歴史は書けると私は断言する」

第4章

現在も普及している古典に潜む偽書疑惑――『三教指帰』「慶安御触書」ほか

空海の『三教指帰』は偽書だった！

かつては『和論語《わろんご》』が広く読まれていたように、現在、広く読まれている古典にも偽書だと認められる可能性が高い物が存在する。

『三教指帰《さんごうしいき》』は、真言宗の祖・弘法《こうぼう》大師こと空海《くうかい》（七七四～八三五）の主要著作の一つとして岩波書店の『日本古典文学大系　三教指帰・性霊集《しょうりょうしゅう》』や筑摩書房の『日本の思想　最澄《さいちょう》・空海集』などの叢書《そうしょ》や、岩波文庫・中公クラシックス・角川ソフィア文庫などにも収められている作品であり、戯曲的な構成をとった寓話《ぐうわ》である。

その内容は、放蕩《ほうとう》者の息子がいる長者のところに、儒教を奉じる先生、道教を奉じる隠士、仏教を奉じる僧侶が訪れてそれぞれの教えを説く。そして、一同、最後には仏教こそ最上の教理であることを認めたとするものである。そのしめくくりには、儒・道・仏の教えの違いを示し、その中でも仏教こそ帰依すべき道であると讃《たた》える詩が置かれている。その本文は四《し》六騈儷体《ろくべんれいたい》という流暢《りゅうちょう》な漢文である。

『三教指帰』の冒頭には、作者である「余」が自分の半生を振り返り、出家と『三教指帰』執筆を決意するに至るまでの経緯を記した散文体の序文がある。その日付は「延暦《えんりゃく》十六年臘《ろう》月之《げつの》一日」（西暦換算で七九七年十二月二十三日）とされていた。これにより『三教指帰』序文は、空海研究者の間では、当時二十四歳の空海による自叙伝とみなされ、その前半生に関する伝記史料として重視されてきたのである。

二つの「指帰」——『三教指帰』と『聾瞽指帰』の関係

ところで空海を開山とする高野山金剛峰寺《こんごうぶじ》（現・和歌山県伊都《いと》郡高野町）には、空海真筆とされる『聾瞽指帰《ろうごしいき》』という巻物が伝わっている。その内容は『三教指帰』とほぼ同様だが、序文や末尾の詩が別内容であり、本文にもところどころ表現の違いがある。ちなみに『聾瞽指帰』の序文は本文同様の四六騈儷体で、日付は「延暦十六年窮月始日《きゅうげつしび》」、つまり『三教指帰』序文の日付と同じ十二月一日である。

この二つの「指帰」の関係については、『聾瞽指帰』が草稿で『三教指帰』は空海自身がのちに改作したものだという説が有力とされてきた。しかし、この両者が別本だとすれば序文の日付が一致するのは奇妙である。また、平安時代に書かれた空海の伝記では『三教指帰』

序文と矛盾する記述もあり、それらの筆者は『三教指帰』序文を空海自伝とは認めていなかったのではないかという問題もあった。

そのため、一九九〇年代には、空海が実際に書いたのは『聾瞽指帰』の方で、『三教指帰』はそれを下敷きにしたのちの人の偽作ではないかという説も研究者の間から出されるようになった。高野山真言宗布教研究所研究員の米田弘仁氏は、一九九六年に著した論文「『聾瞽指帰』『三教指帰』研究の現状と諸問題」(『密教文化』一九三号)、「『三教指帰』の真偽問題」(同一九四号)で『聾瞽指帰』『三教指帰』の関係に関する研究史を整理し、空海本人の思想的発展による改作なら手を入れるべきだった箇所が、単なる引き写しになっていることなどから、結論として『三教指帰』後人偽作説を支持している。

米田氏の論文でも偽作説論者の代表として言及されている河内昭圓氏(大谷大学名誉教授)は著書『三教指帰と空海』(二〇一七)で、『三教指帰』の本文では『聾瞽指帰』できれいに踏まれていた韻が崩されていること、僧侶の衣服を「紙袍《かみぎぬ》」と表現している箇所があること(僧侶の服に紙衣が用いられるようになるのは製紙技術が進んだ平安時代中期以降)など、空海作としてはありえない箇所をいくつも指摘し、その偽作年代を九世紀末から十世紀初めにかけての四、五十年の間と推定している。

今後、空海に関する書籍などでは、次第に『三教指帰』が消え、代わりに『聾瞽指帰』の名が現れるようになるかもしれない。

「百姓身持之諸覚書」から作られた「慶安御触書」

かつては歴史教科書に項目として掲載される定番だった「史料」が姿を消してしまった例もある。

徳川家光《いえみつ》（一六〇四〜五一）が農民統制のために慶安《けいあん》二年（一六四九）に発令したとされる「慶安御触書《けいあんおふれがき》」は、いかに幕府の農村収奪が過酷だったかを示す史料として、かつては歴史教科書や教材、参考書などで必ずといっていいほど特筆された。

しかし、「慶安御触書」は有名だったにもかかわらず慶安年間どころか江戸時代前期にまで遡るようなテキストは存在しなかった。また、近世初期の法令としては異例の長文であること、農村関係の近世史料にその発令が反映された形跡がないことなどの疑問もあった、すでに明治期には内藤耻叟《しそう》（一八二七〜一九〇三）、一九五〇年代には榎本宗次《えのもとそうじ》（一九二四〜八二）が「慶安御触書」を幕府の法令とみなすことに疑問を呈していたものの学界では大きな声になることがなかった。

一九九〇年代、山本英二氏（現・信州大学教授）が「慶安御触書」について画期的な研究を発表した。山本氏は甲斐《かい》国に伝わった「百姓身持之諸覚書《ひゃくしょうみもちのしょおぼえがき》」という史料に注目、これが「慶

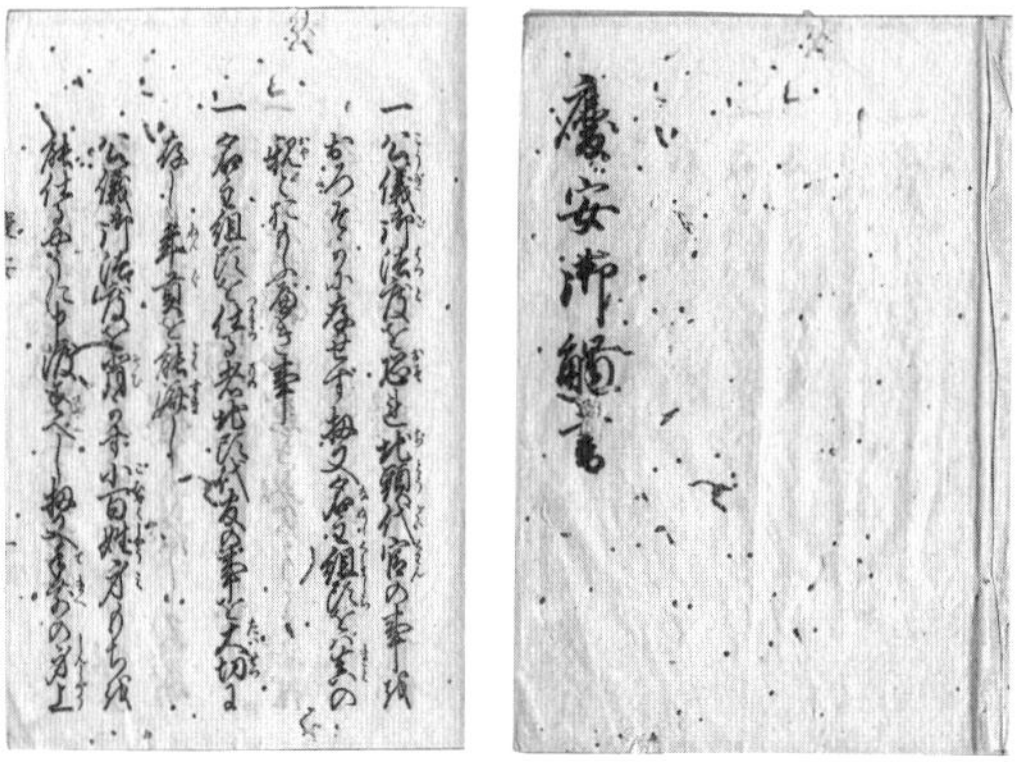

「慶安御触書」（飯塚家文書。群馬県立文書館蔵）

安御触書」の原型であることをつきとめた（山本英二『慶安御触書成立試論』一九九九、同『慶安の御触書は出されたか』二〇〇三、他）。

「百姓身持之諸覚書」は、元禄《げんろく》十年（一六九七）九月に「藤帯刀内河合六郎左衛門」という人物によって記されたものである。藤帯刀とは藤枝《ふじえだ》帯刀《たてわき》方教《まさのり》のことで、元禄十六年には甲府家老として若狭守《わかさのかみ》に叙任され、さらに宝永《ほうえい》元年（一七〇四）には旗本に編入された人物である。

山本氏は方教の経歴と「百姓身持之諸覚書」の写本分布から、「百姓身持之諸覚書」が元禄期に発令された甲府藩法であり、したがってそれを原型とする「慶安御触書」が幕府の発令でないばかりか、その成立が慶安期にまで遡れるようなものではないことを明らかにした。

宝暦《ほうれき》八年（一七五八）、下野《しもつけ》国黒羽《くろばね》（現・栃木県大田原《おおたわら》市）の領主・大関増興《おおぜきますおき》（黒羽藩七代藩主。一七〇九～七〇）が「百姓身持之諸覚書」を下敷きに「百姓《ひゃくしょう》身《み》持《もち》教訓《きょうくん》」という本を作って領内の農村に配布した。

さらに文政《ぶんせい》十三年（一八三〇）、美濃《みの》国岩村《いわむら》領主の松平乗美《のりよし》（岩村藩大給《おぎゅう》松平家六代藩主。一七九一〜一八四五）が「百姓身持之諸覚書」の内容を「慶安御触書」と題して刊行した。この出版は岩村領主松平家から出て幕府の儒官・林家《りんけ》に養子となった林述斎《はやしじゅっさい》（松平乗衡《のりひら》・林衡《たいら》。一七六八〜一八四一）の主導によるものだった。これにより多くの領主が「慶安御触書」を自領内で広めるようになった。

寛政《かんせい》十一年（一七九九）、述斎は幕府に対し、江戸幕府の「正史」ともいうべき歴史書の編《へん》纂《さん》を建議した。述斎の没後もその編纂は続けられ、天保《てんぽう》十四年十二月（一八四四年一月頃）に完成した。すなわち『徳川実紀《とくがわじっき》』全五百十七巻である。

その『徳川実紀』第七十三巻の慶安二年二月二十六日の項には「この日令せられしは」として「慶安御触書」全文が記録された。

さらに司法省で編纂し、明治十一年（一八七八）から明治二十三年にかけて刊行された『徳川禁令考《きんれいこう》』前聚第五にも、「諸国郷村」に配布された法令として「慶安御触書」を収録した。つまりは後世の幕府と、幕府の後継者としての明治政府とともに認めることで「慶安御触書」は幕府の法令として公認されてしまったわけである。

徳川家康重臣・本多正信が書かなかった『本佐録』

江戸時代の農民統制といえば、多くの日本史教科書・資料集で「慶安御触書」と並んで取り上げられてきた史料に『本佐録《ほんさろく》』があった。『本佐録』は、徳川幕府草創期の老中《ろうじゅう》として幕政を主導した本多正信《まさのぶ》（一五三八～一六一六）の著書とされ、とくにその中の「百姓は財の余らぬやうに不足なきやうに治むること道なり」の一節が、幕府による農民収奪の政策の根拠として、教科書や資料集にしばしば引用されてきた。

しかし、『本佐録』という表題は刊本で広まったものであり、写本では『本佐録』の他にもさまざまな表題がつけられていた。そして、その写本には『本佐録』や『藤原正信論治道書《ふじわらまさのぶろんちどうしょ》』『正信録』のように本多正信の著書であることを示したものの他に、『天下国家之要録《てんかこっかのようろく》』『治要《ちよう》七条《ななじょう》』のように著者名を示さないものがあり、それらの多くは儒学者の藤原惺窩《せいか》（粛《しゅく》。一五六一～一六一九）の著書であるとされていたのである。

惺窩は草創期の幕府における有力ブレーンであり、したがって『本佐録』の真の著者が惺窩だったとしても当時の幕政の方針を示した史料だといえなくはないが、実際の著者がはっきりしない本を根拠とした立論は危ういとしかいえない。

山本眞功氏の考証によると『本佐録』の成立過程は次のようなものである。『本佐録』の原型は慶安三年（一六五〇）に刊行された著者不明の『心学五倫書《しんがくごりんしょ》』という書物だった。

それが寛文《かんぶん》七〜九年（一六六七〜六九）に何者かに改作され、『仮名性理《かなせいり》』という表題で惺窩の著書として広められる。その改作においては熊沢蕃山《くまざわばんざん》（伯継《しげつぐ》。一六一九〜九一）の思想的影響を受けた人物の関与が想定できるという。その『仮名性理』を下敷きにして『本佐録』が成立する。

延宝五年（一六七七）における『本佐録』とほぼ同内容の写本『治要七条』の跋文《ばつぶん》（あとがき）では、惺窩が正信に請われて著したという由来が語られ、ここでその成立が正信と関連付けられることになる。明確に正信の著書とする序文が施され、表題も『本佐録』として定着するのは享保《きょうほう》八年（一七二三）のことだという（山本眞功『偽書『本佐録』の生成——江戸の政道論書』二〇一五）。

『本佐録』が幕府草創期の政策を論じる史料として使えないのは確かである。今では『本佐録』も「慶安御触書」同様、教科書や日本史資料集からは姿を消してしまった。

現代においても、歴史常識とされてきたものがじつは偽書に依存していたという例は少なくない。それは地方史においても同様である。あるいは地方史の方が問題は深刻かもしれない。

なぜなら地方史における「常識」はしばしば郷土愛や地域アイデンティティと結びついており、その根拠が偽書だと判明しても、容易に撤回はできないからである。

第5章

地域の観光資源として利用された偽書

――『武功夜話』『東日流外三郡誌』

「前野家文書」の出現

岐阜県大垣市で天守閣を誇る城といえば、その筆頭は大垣城だろう。築城は明応《めいおう》九年（一五〇〇）に遡《さかのぼ》るという名城だが、本来の天守は一九四五年の大垣空襲で失われており、現在の天守閣は戦後の復元である。それと並んで地元で有名なのが墨俣《すのまた》一夜城、大垣市歴史資料館の別名である。大垣市HPの広報記事には次のようにある。

「永禄9年（1566年）、木下藤吉郎（のちの豊臣秀吉）が一夜にして築いたと伝えられる墨俣一夜城。その城跡に、当時の砦のような城ではなく、城郭天守の体裁を整えた墨俣一夜城（歴史資料館）が、平成3年4月に開館しました。

史実については、太閤記や断片的資料で概要を知る程度でしたが、昭和52年に愛知県江南市の旧家に伝わる古文書（「前野《まえの》家《け》文書」）の中から、墨俣一夜城に関する貴重な資料が紹介され、その全貌が明らかになってきました。

墨俣一夜城（歴史資料館）では、この資料に基づいて墨俣築城と秀吉の歩んだ道を中心とした展示構成とし、太閤・秀吉についての学習の場として広く活用していただけるようになっています」

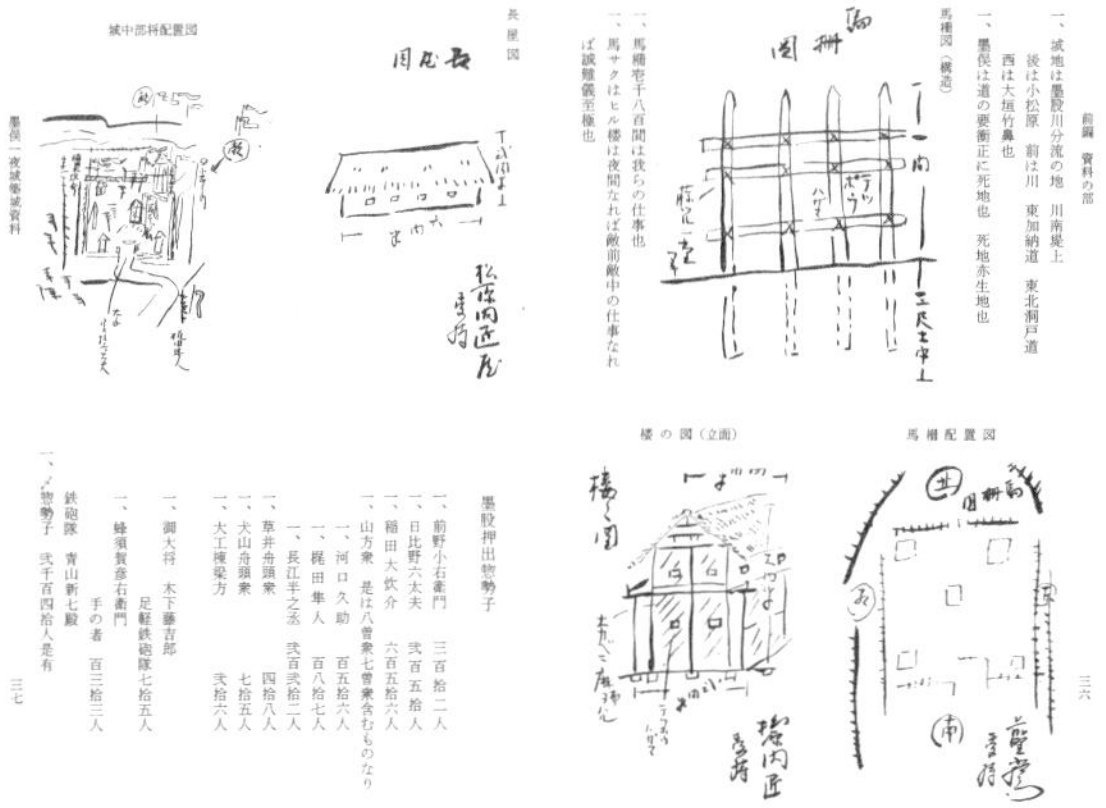

「前野家文書」に掲載されていた絵図（墨俣町『墨俣一夜城築城資料』より）

さて、秀吉が墨俣に「一夜城」を築いたという記事の初出は、江戸時代後期の戯作《げさく》者・武内確斎《たけうちかくさい》（一七七〇〜一八二六）の『絵本太閤記《えほんたいこうき》』（一七九七）である。ただし、その築城時期は永禄《えいろく》五年とされており、「一夜城」というのも、できかけの壁に銃眼を描いた紙を貼って一夜のうちに城が完成したように見せかけたという荒唐無稽《こうとうむけい》な話だった。

また、秀吉による墨俣築城を永禄九年とする記事は明治期の『蜂須賀家記《はちすかけき》』（明治五年〈一八七二〉）などに初めて見られるものである。つまりは大垣市が主張するような墨俣一夜城の由来は、史実としては認めがたいものである。

　では、大垣市が「墨俣一夜城に関する貴重な資料」が含まれているとした「前野家文書」とはいかなるものか。「前野家文書」は、昭和三十四年（一九五六）、愛知県江南《こうなん》市の旧家の土蔵を整理した際に出てきた古文書・古記録の総称だという。その中でも、もっとも代表的なものは『武功夜話《ぶこうやわ》』と題された記録である。

「前野家文書」を代表する『武功夜話』の内容

『武功夜話』によると、尾張《おわり》と美濃《みの》の国境近くにあった屋敷の主・生駒蔵人《いこまくらんど》（家宗《いえむね》。?～一五五六）は両国間の通商をつかさどっており、川並《かわなみ》衆（水運業者）の前野長康《ながやす》や蜂須賀小六《ころく》（正《まさ》勝《かつ》。一五二六～八六）らが出入りしていた。蔵人の娘・吉乃《きつの》（久庵《きゅうあん》）は信長の御手付きだったが、斎藤道三《さいとうどうさん》の娘の帰蝶《きちょう》が信長の正室に迎えられることが決まった際、妊娠中だった吉乃は正室をはばかって実家に戻った。信長はその後も生駒屋敷に通い続け、吉乃は信長のもう一人の正室ともいうべき立場になった。信長から家督を譲られた長男・織田信忠《のぶただ》（一五五七～八二。『武功夜話』によると弘治《こうじ》元年〈一五五五〉生まれ）や信勝《のぶかつ》（一五五八～一六三〇）、徳姫《とくひめ》（一五五九～一六三六）らは吉乃が産んだ子だという。

　桶狭間《おけはざま》の戦い（一五六〇年）では、長康と小六が土民を装って今川義元《よしもと》の軍の動向をうかがい、さらに酒や唐芋《からいも》（サツマイモ）の煮つけを陣中に差し入れして今川軍を油断させた。また、生駒屋敷に新たに出入りするようになった男の才気煥発《さいきかんぱつ》ぶりを吉乃も小六も気に入り、信長に紹介した。それが木下藤吉郎《きのしたとうきちろう》、のちの豊臣秀吉（一五三七～九八）である。

長康と小六は、信長が桶狭間の時の手柄に十分報いてくれなかったことを不満に思っていたため、秀吉が墨俣築城を命じられるや、自分たちの実力を見せるのはこの時とばかり土木水運の腕を振るった。そのために城は短期間で完成し、あたかも一夜のうちにできたようだと「一夜城」と呼ばれるようになったという。

墨俣一夜城建設は『出世太閤記』（一九三八）『ホラ吹き太閤記』（一九六四）など太閤記ものの映画ではしばしば見せ場とされてきた。地元の大垣市でもその存在は郷土の誇るべき歴史とされてきた。そこに築城の具体的な作業について記した「前野家文書」の出現は大垣市にとっても、戦国史ファンにとっても歓迎すべきことだったのである。

「前野家文書」は七〇年代に墨俣一夜城を研究する郷土史家の間では周知のものとなり、さらにNHKのTV番組『歴史への招待』一九八〇年一月十七日放送「太閤記・藤吉郎一夜城を築く」で大きく取り上げられてから全国的な認知度も高まった。小和田哲男氏のように日本史学界からも「前野家文書」の史料価値を認める意見がだされた。

さらに一九八七年、『武功夜話』が全四巻で活字化され、「戦国史を塗りかえる第一級の史料」「『信長公記《しんちょうこうき》』と並ぶ必読文献」などの宣伝文句で出版されてからは多くの時代小説や時代劇ドラマの設定に取り入れられていった。最近では信長もののテレビアニメでも生駒吉乃を重要人物として登場させることが定着している。

「前野家文書」への疑問相次ぐ

だが、「前野家文書」については、いくつもの疑問があった。木曽川の流路は天正《てんしょう》十四年（一五八六）六月の洪水で大きく変わっているが、墨俣一夜城関連の図版に出てくる流路はそれ以前の史料のはずなのに現代と同じになっている。

『武功夜話』には天正初期の美濃の地名として「笠松」「八百ツ」「富加《とみか》」が出てくるが、笠松は天正十四年の洪水以降にできた荒地を開拓して生じた地名、八百津（ツ）は明治二十二年（一八八九）の町制施行でそれまで細目村だった地域を改名したもの、富加にいたっては昭和二十九年（一九五四）、富田村と加治田村の合併で生じた新村名である。『武功夜話』は昭和二十九年以降の岐阜県地図を参考にして書かれたとしか考えられない（藤本正行・鈴木眞哉『偽書『武功夜話』の研究』二〇〇二、勝村公『『武功夜話』異聞』二〇〇八）。

「富加」について、牛田義文氏は『武功夜話』以外に『武功夜咄《ぶこうよばなし》』という文献にも同じ地名が見られるといって擁護した（牛田義文『稿本《こうほん》墨俣一夜城』二〇〇五）。しかし、その『武功夜咄』なるものは「前野家文書」の一部であり、当然、同じ「前野家文書」の検証に使えるものではない。

私が呆《あき》れたのは小六と長康が今川軍にふるまったという唐芋だった。南米原産のサツマイモが琉球《りゅうきゅう》（現・沖縄県）を経て薩摩《さつま》（現・鹿児島県）に至ったのは十七世紀初め、江戸時代に入ったばかりの頃であり、それが九州を経て日本列島各地に広まったのはさらにその後である。十六世紀半ばの尾張には、サツマイモなどまずあろうはずはない。『武功夜話』などの「前野家文書」は昭和後期の偽作とみて間違いない。

したがって「前野家文書」を根拠とする墨俣一夜城実在説は無効とみてよいだろう。ちなみに信長の側室に生駒氏の女性がいたのは事実だが、正室と並ぶ重要人物だとする文献は「前野家文書」しかなく、吉乃という名や、信忠、信勝、徳姫らの母だったというのも「前野家文書」作者の創作とみてよい。

さらに墨俣一夜城については、次のような逸話もある。NHK大河ドラマ『秀吉』（一九九六）は『武功夜話』を設定に取り入れた作品の一つだが、その時代考証を担当していた小和田哲男氏はその第六回の脚本を見て頭を抱えたという。そのタイトルが「墨俣一夜城」となっていたからである。そのシナリオを全面否定してはドラマの撮影自体が間に合わない。そこで、せめていかにも城らしい城ではなく砦《とりで》程度のものを出すようスタッフに頼んだという

（安田清人『時代劇の「嘘」と真実』二〇一七）。

このエピソードの面白いところは、小和田氏が「前野家文書」の支持者だったことである。その小和田氏でも、墨俣一夜城なるものが実在だとは認めなかったのだ。

しかし、「前野家文書」の評価や、墨俣一夜城への評価がどうあれ大垣市の方針は当分揺るがないだろう。墨俣一夜城はすでに地元ナショナリズムの象徴になっているからである。

「和田家文書」の内容と真偽論争

『東日流外三郡誌《つがるそとさんぐんし》』に代表される「和田家《わだけ》文書」は、寛政《かんせい》年間（一七八九〜一八〇二）前後、三春《みはる》藩主・秋田家の親族である秋田孝季《たかすえ》が、義弟で津軽飯詰《つがるいいづめ》（現・青森県五所川原《ごしょがわら》市）の庄屋でもある和田長三郎吉次《ちょうざぶろうよしつぐ》とともに編纂した文書だという。

所蔵者の和田喜八郎《きはちろう》（一九二七〜九九）は、その和田長三郎吉次こそ自分の先祖であると主張していた。

その内容は、神武《じんむ》東征で畿内を追われた耶馬台国《やまたい》（邪馬台国《やまたい》）の一族と津軽の先住民族、中国からの渡来人が混交した荒吐《あらはばき》族という民族が、津軽に一大王国を建てて大和朝廷と対立した。中世においても荒吐族の流れをくむ安東《あんどう》氏が十三湊《とさみなと》（現・青森県の十三湖《じゅうさんこ》）を根拠として栄えたが、南朝年号の興国《こうこく》元年（一三四〇）もしくは興国二年に起こった大津波で安東水軍が滅亡、その歴史は次第に忘れられていったというものである。

『東日流外三郡誌』が一般に知られるようになったのは昭和五十〜五十二年（一九七五〜七七）、青森県市浦《しうら》村（現・五所川原市）が『市浦村史資料編・みちのくのあけぼの―東日流外三郡誌―』全三巻として活字化、刊行してからである。

ＮＨＫテレビは複数回、『東日流外三郡誌』をテーマに、喜八郎へのインタビューを含む番組を放送した。オカルト雑誌や旅行雑誌、週刊誌などもしばしば『東日流外三郡誌』を取り上げた。学界でも多摩美術大学教授（当時）の奥野《おくの》健男《たけお》（一九二六〜九七）、秋田大学教授（当時）の新野直吉氏、明治学院大学助教授（当時）の武光誠氏といった人々が著書や論文で『東日流外三郡誌』を好意的に扱っている（ただし新野については後年、偽書であることに気付いて取り上げるのをやめた、と述べている。新野直吉「静かに念うこと」『季刊邪馬台国』五二号、一九九三年十月、所収）。

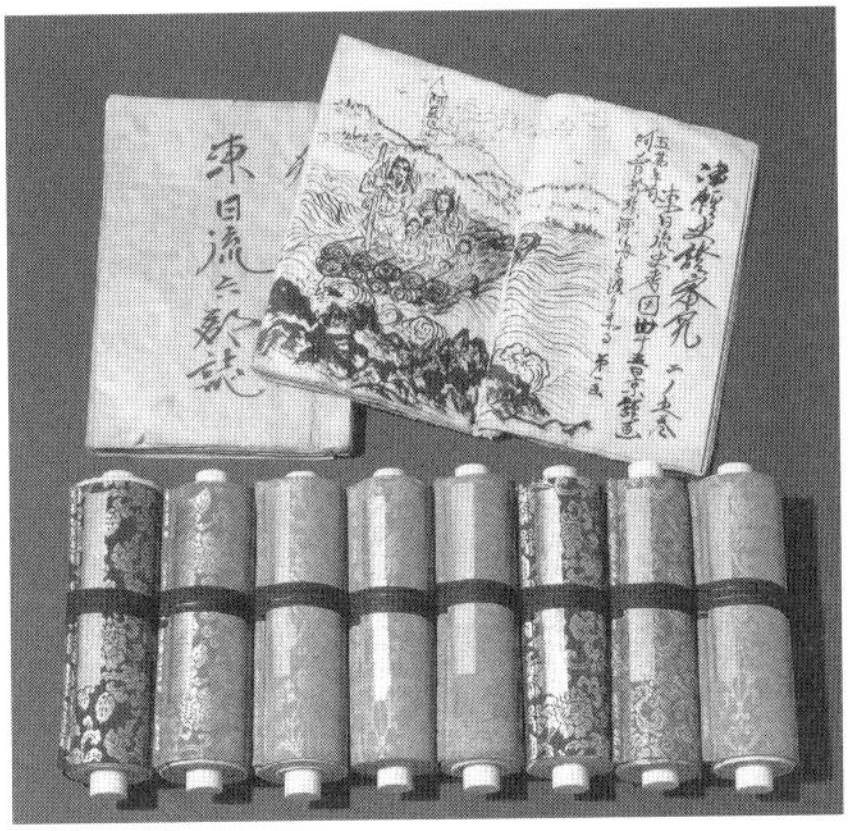
『東日流外三郡誌』（下）に代表される「和田家文書」

　このように『東日流外三郡誌』が話題になったの

は、古代王朝のロマンもさることながら、安東水軍に関するくわしい記述があったことも大きい。安東水軍と興国の大津波については、郷土史家の間でその存在が唱えられながら実在の明確な証拠がなかったのである。

青森県内の自治体や観光業者によって、『東日流外三郡誌』を観光資源として用いるためにさまざまな試みが行われた。『東日流外三郡誌』に出てくる史跡や神社仏閣を観光地として案内する本を出したり、関連史跡を町興し村興しのために整備したり、などである。「安東水軍」は青森県の酒蔵が銘柄に採用している。

さらに青森県だけでなく山形県や秋田県でも和田喜八郎が提供した「古文書」や遺物に基づいた史跡を「発見」して町興し村興しを行おうという動きがあった。

一九九〇年代に検証が進み、偽書説が定着

だが、一九九〇年代に入ってから『東日流外三郡誌』の検証が進み、江戸時代の文書にはありえない用語や官位・暦法など制度に関する錯誤がぞくぞくと指摘されるばかりかテキスト（明治期の写本と主張）の筆跡が和田喜八郎のものと一致することが判明、偽書であることは明らかになった。

また、一九九一年から九三年にかけて国立歴史民俗博物館が行った十三湊遺跡総合調査で

は安東水軍や興国の大津波の実在を示す証拠は一切発見されなかった。それどころか十三湊は十三世紀初めから十五世紀半ばまで継続して港としての機能を果たしており、その繁栄のピークは（興国の大津波の後だったはずの）十四世紀半ばから十五世紀初めであることもわかった（国立歴史民俗博物館『中世都市十三湊と安藤氏』一九九四、青森県市浦村編『中世十三湊の世界』二〇〇四、十三湊フォーラム実行委員会『十三湊フォーラム』二〇〇四）。

また、その一九九〇年代には、七〇年代古代史ブームを牽引《けんいん》した論客の一人である古田武彦《ふるたたけひこ》（一九二六～二〇一五）が『東日流外三郡誌』を支持して偽書説に反論を行ったこともあるが、その論法は詭弁《きべん》の域に入っていき、『東日流外三郡誌』を町興し村興しに使おうという自治体もなくなっていった。

以上の経緯については地元紙記者として「和田家文書」を追跡していた斉藤光政氏の著書『戦後最大の偽書事件「東日流外三郡誌」』（二〇一九）および拙著『偽書が描いた日本の超古代史』（二〇一八）の『東日流外三郡誌』の項目を参照されたい。

第6章

郷土史教材として活用された稀代の偽書群――「椿井文書」

蘇った『椿井文書』

「前野家文書」「和田家文書」は現代人（昭和後期～平成初期）の偽作がリアルタイムで地方史に影響した例だが、なかには百年以上の時を隔てて蘇ったゾンビのような偽書もある。

京都府綴喜《つづき》郡田辺《たなべ》町（現・京田辺市）の町役場で刊行した『京都府田辺町史』（一九六八）など、近畿地方各地の地方史資料ではしばしば、山城《やましろ》国椿井《つばい》村（現・京都府木津川《きづがわ》市山城町）の豪族だった椿井家に伝わっていたという「椿井文書」なるものが多用されていた。

「椿井文書」に属するとされる〝古文書〟には「興福寺官務牒疏《こうふくじかんむちょうそ》」「吐師川原着到状《はぜかわらちゃくとうじょう》」「仏《ぶっ》河原《かわら》着到状」「北吉野山神童寺縁起《きたよしのさんじんどうじえんぎ》」「王仁墳廟来朝記《わにふんびょうらいちょうき》」「朱智牛頭天王宮流紀疏《しゅちごずてんおうきゅうりゅうきそ》」など多岐にわたり、「椿井家古書目録」にある史料の点数は百八十八点（その中には〝古文書〟だけではなく『信長公記《しんちょうこうき》』や『日本紀略《にほんきりゃく》』などよく知られている文献を椿井が書写したものも含まれる）だが、後述の理由により、その総数は数百点にも及ぶという。

それらの〝古文書〟に出てくる地名は京都府だけでなく大阪府・奈良県・三重県・滋賀県にまたがる広大な地域に及んでおり、「椿井文書」は近畿地方広域で郷土史史料や地域学習の教材として採用されるようになった。

また、「椿井文書」は神社縁起や系図などを通して古代に遡《さかのぼ》る（と称する）伝承も記録しており、記紀や『新撰姓氏録《しんせんしょうじろく》』から漏れた古伝として塚口義信氏ら一部の古代史研究者からも注目されていた。

「証拠」作りの実態

「椿井文書」はもともと椿井村在住の椿井政隆《まさたか》（一七七〇～一八三七）という人物による中世文書のコレクションとみなされていた。明治初期、椿井家が没落した際、「椿井文書」は債権者に差し押さえられたが明治二十年（一八八七）頃からそれらの〝古文書〟は売り出され近畿地方に拡散し始める。

じつは「椿井文書」と同内容の〝古文書〟のいくつかは旧家や寺院にすでに伝わっていた。そこで政隆は近畿地方の広域にあった古文書を書写して手元に集めていたものと解釈されていたのである。

政隆が単なる収集家ではなく〝古文書〟作成まで行っていた可能性はすでに一九六〇年代

から指摘されていたが、「椿井文書」を利用した研究者の大方は、伝承まで創作したわけではなく、政隆は独自の取材で集めた伝承を古文書の体裁で中世に仮託したものだろうという解釈で今も使用し続けているのが現状である。たとえば、大阪府交野市では同市内の機物《はたもの》神社が、日本における七夕祭り発祥の地であるとして今も市立小学校の活動に組み入れているが、その説の根拠は「椿井文書」にあるとされる。

「椿井文書」の成立と拡散の経緯を調査し、それが中世史あるいは古代史の史料としては使えないということを明らかにしたのは大阪大谷大学准教授の馬部隆弘氏である。

馬部氏によると、政隆が〝古文書〟作成の下敷きにしたのは主に地理学者・並河誠所《なみかわせいしょ》（一六六八～一七三八）の大著『五畿内志《ごきないし》』（『日本輿地通志畿内部《にほんよちつうしきないぶ》』）である。『五畿内志』は江戸時代中期における近畿地方の地誌として重要なものだが史跡や神社・寺院の記述に牽強《けんきょう》付会《ふかい》（他の文献での裏付けがない）が多いことでも知られていた。

そこで政隆はそうした箇所に裏付けとなる〝古文書〟を作り出すという形で、『五畿内志』と自分の作成した資料が補完しあうように図ったわけである。

政隆は、各地域で出資者になりそうな有力者を探してはその人物と近隣の同階層の人を結びつけて縁戚関係を示す系図を作成する。そして着到状（武士が合戦などに馳《は》せ参じた順序を記した帳面）などで、その作成された系図で同時代とされた人物が同じ場所に居合わせたことがあるという「証拠」を作る。この作業を繰り返すことでその地域の歴史ができたなら、神社縁起などでその村などの領域を示す「伝承」を作る。近世においては地域の区画を示す古文書は現在の不動産登記のような役割を果たしたから出資者はそれで自分の系譜を飾るだけでなく地域の地所管理に関する利権をも主張できるようになる。

広大な地域を興福寺末寺で結ぶ核「興福寺官務牒疏」

それを繰り返すうちに「椿井文書」がカバーする地域は広大なものとなるが、それを結びつける核の役割を果たしていたのが「興福寺官務牒疏」である。これは中世における興福寺の末寺の所在と名を列記したと称するものだが、それによって各地域はそこに興福寺末寺があったという共通点で一つの図式でまとめられる。

政隆は自分が作成した〝古文書〟を出資者に提供する一方で控えや草稿を手元に置いていた。そのため、政隆が古文書のコレクションをしていたかのような状況が生じたのである。「椿井文書」には多数の地図が収められているが、これは〝古文書〟探索（実情としては作成）を求めた出資者たちにその利権が及ぶ領域をビジュアルで確認させるためのものであった。「椿井文書」の図版には、実際の形とまったく異なる下書きの線が残ったままのものがあり、これは実際の古文書を模写した場合にはまずありえない現象なのだが、そのような草稿と思われるものまで椿井家没落で流出してしまったのはご愛敬だろう。

「椿井文書」問題が投げかける研究者の責任

生前の政隆が精力的に〝古文書〟を作り続けたためにその総量の確認は困難になった。一方で、先の詭弁《きべん》を用いつつ「椿井文書」を利用し続ける自治体や教育機関、研究者は後を絶たないため、「椿井文書」問題はいまだ混迷をきわめているわけである。

馬部氏は次のように指摘している。

「古代史研究者たちはなぜ繰り返し『興福寺官務牒疏』などを引用するのであろう。そもそも椿井文書の存在を知らないのかも知れないが、『興福寺官務牒疏』の引用の仕方をみる限り、後世の史料でも伝承を踏まえているだろうとの認識を持っているようである。しかし、椿井政隆には伝承を忠実に伝えようとする意図など毛頭なかった。ここからは、古代史研究者たちの伝承史料に対する認識の甘さが指摘できよう」

「椿井文書が受容されてしまう状況を作り出してしまった研究者の責任は重い。そのような責任の意識もないまま、古代・中世の史料としてまだ価値があると主張されても、同調はできない。近世・近現代史の史料として真正面から取り組み、椿井政隆が何を考えていたのか、あるいは椿井文書が人々の生活のなかでどのような役割を果たしてきたのか、これらの究明にこそ力を入れるべきである。それによって、義務教育における椿井文書の活用をくい止めることができれば、歴史学は必ずしも虚学ではないという希望もみえてくる」(馬部隆弘『由緒・偽文書と地域社会——北河内を中心に』二〇一九)

偽書を支持することで結果として歴史をねじまげてしまった研究者の責任は、「前野家文書」や「和田家文書」についても問われ続けていかなければならないものだろう。

第7章

狙い目となった神代の空白期

――「超古代史」誕生の土壌

『日本書紀』巻三、神武天皇の条の空白

歴史に関する偽書を作る際、対象として狙い目になるのは既存の史料では歴史上の空白が生じている（かに見える）時代・地域である。日本の正史である六国史《りっこくし》の中でもっとも巨大な空白が生じているには『日本書紀』巻三、神武天皇の条だ。

『日本書紀』が伝える神武天皇即位の日は神武天皇元年の元旦である。明治六年（一八七三）、政府はその日は西暦では紀元前六六〇年二月十一日になると算定し、その日を紀元節とさだめて祭日とした。現在の国民の祝日である「建国記念の日」（昭和四十一年〈一九六六〉制定、翌年から実施）はこの起源説を引き継いだものである。

この「建国記念の日」については、神武天皇の実在そのものが疑わしい、神武天皇に相当するような人物が実在していたとしてもその年代を引き上げすぎている、という批判がすで

にあるわけだが、じつは『日本書紀』は神武について、その即位以前の記事も記している。それによると、即位前の神武天皇が日向《ひむか》（現・宮崎県か）を発進して東の地（大和《やまと》）に向かったのは西暦換算で前六六七年のことだった。そして、神武は自分の兄や子どもたちに、その東征の意図を説明する中で次のように述べたという。

「天祖《あまつみおや》の降跡《あまくだ》りましてよりこのかた、今に一百七十万二千四百七十余歳。」

つまり、皇祖神アマテラスの孫であるニニギが高天原《たかまのはら》から降臨してから神武の東征出発までの間に百七十万二千四百七十年以上もの歳月が流れていたというのである。

天孫降臨以来「百七十万二千四百七十年」の解釈

『日本書紀』の系譜では、ニニギと神武の間にはヒコホホデミとウガヤフキアエズの二代しかいない。それで百七十万年以上というのはいかに神話とはいえ無理がある年数である。

北畠親房《きたばたけちかふさ》（一二九三〜一三五四）の『神皇正統記《じんのうしょうとうき》』ではニニギの治世を三十三万八千五百三十三年、ヒコホホデミの治世は六十三万七千八百九十二年、ウガヤフキアエズの代は七十七万年あまりだったとしているが、これは『日本書紀』の約百七十万年をつじつま合わせのために配分したものだろう（それでも計算は合ってはいないが）。親房は、仏典で、釈迦《しゃか》が現れる以前には人間の寿命が何万年もあったとされていることや、中国神話にも何万年もの治世

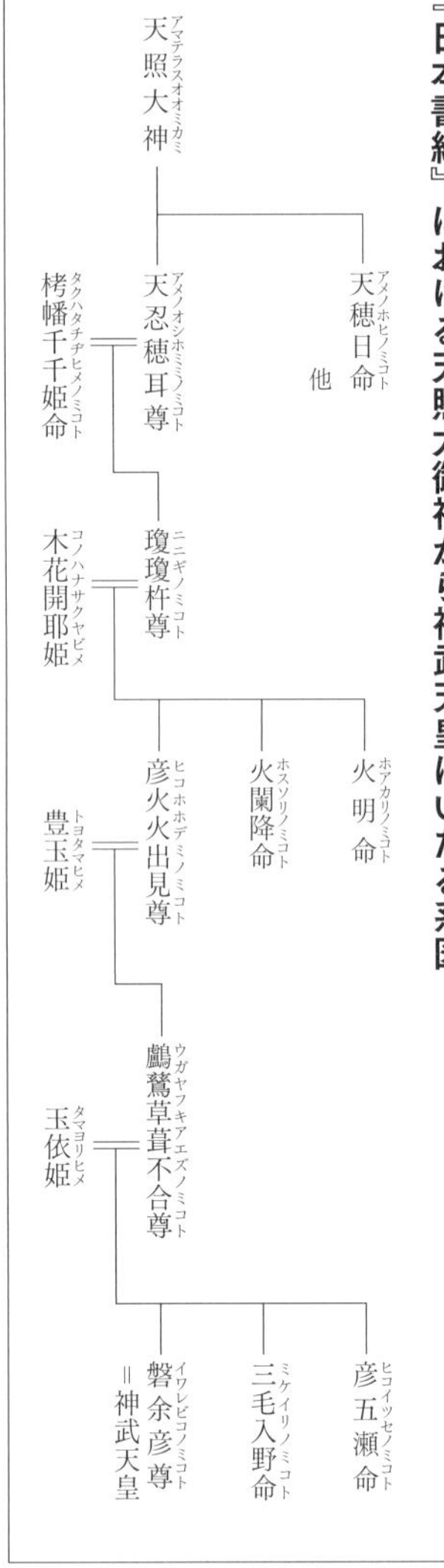

『日本書紀』における天照大御神から神武天皇にいたる系図

をおくった王がでてくる、などという事例をあげて、ニニギなどの長期政権はありえないことではないとしているが、いかにも無理がある説明である。

東洋史学者の飯島忠夫《いいじまただお》（一八七五〜一九五四）は、この年数は古代中国の暦法における観念上の起点（上元）を天祖降臨の年に定めた結果であるとして、その暦は唐《とう》の武徳《ぶとく》九年（六二六）に作られた＊**戊寅元暦**《ぼいんげんれき》であろうとしている（飯島忠夫「天孫降臨以来の年数」『日本上古史論』一九四七）。

ちなみに現実の世界で約百七十万年前といえば、アフリカにいた猿人（アウストラロピテク

＊唐朝に仕えた傅仁均が編纂した暦。武徳2年(619)から麟徳元年(664)まで使用された。観念上の起点を西暦換算で紀元前16万3723年におく。その年は十干の戊で十二支の寅年にあたるため、戊寅元暦と呼ばれた。

ス類）の一部が原人（ホモ・エレクトス）に進化しようとしていた頃である。もちろん現生人類はまだ存在していない。

何にしても、これにより『日本書紀』のニニギ・ヒコホホデミ・ウガヤフキアエズ・神武までの四代の間には、本文の記述だけでは埋めきれていない約百七十万年もの空白が生じてしまったことになる。

そこで『日本書紀』のこの欠落を埋める形での偽書も数々作られるようになっていった。それがいわゆる「古史古伝」「超古代史」である。

神話的な異界としての「神代」の時間と「超古代史」の長大な系譜

神々の世界というのは、私たち人間の視点からすれば異界である。異界と現世では時の流れが異なるという観念は多くの神話・伝説においてみられる。

現代日本人にとってもっとも身近な例でいえば、竜宮城で滞在するうちに地上では数百年の歳月が流れていたという「浦島太郎《うらしまたろう》」の話だろう（浦島説話・伝説の形成や類話派生についてここでは割愛する）。

異界の時間を現世に移すと長大な歳月になってしまうという観念が顕著に現れるのはインド神話や仏典の世界である。

ヒンドゥ教の聖典『バーガヴァタ・プラーナ』によると宇宙創造神ブラフマにとっての一日は人間にとっては四十三億二千万年にあたるという。

また、大乗仏教において釈迦牟尼仏《しゃかむにぶつ》の次に現れるという弥勒仏《みろくぶつ》は、現在、弥勒菩薩《ぼさつ》として天上の兜率天《とそつてん》というところで修行しているとされる。兜率天での天人の一日は地上の四百年で天人の寿命は約四千年、その一年は三百六十日とされている。したがって地上の私たちは弥勒菩薩が天人としての寿命を迎えて、仏として降臨するまで五億七千六百万年も待たなければならないというわけである（四〇〇×四〇〇〇×三六〇＝五七六〇〇〇〇〇〇）。ただし仏典では、漢訳に際して位取りを誤ったのが定着したらしく、この数字が五十六億七千万年と記されていることが多い。

また、『旧約聖書』創世記においても、天地創成からそう遠くない時代の人々について実際にはありえない長寿が記されている。たとえば神が最初に造った男アダムは九百十歳、その子セツは九百十二歳、さらに方舟《はこぶね》伝説のノアは九百五十歳で死んだという。

これは創成当時の時間の流れが私たちの属する時間と異なっていたという観念の名残と解することができる。

日本神話で語られる「神代」は神々の世界であり、はるかな太古でもある。そこで流れる時間が現世と異なっているという観念があってもおかしくはない。

しかし、近世において一種の合理的思考が広まると、現世と別の時間の流れという観念を拒む考え方もでてくる。

現代人からみれば荒唐《こうとう》無稽《むけい》な「超古代史」「古史古伝」の長大な系譜も、神話的な異界としての「神代」の時間を、現世の時間で解釈しようとしたものであり、合理的思考の適用の結果とも考えられるのである。

第8章 「超古代史」「古史古伝」ブームと言葉の定義

一九七〇年代に到来した古代史ブーム

一九六七年、長崎県在住の作家・宮崎康平《みやざきこうへい》の『まぼろしの邪馬台国』ベストセラーがきっかけで日本各地の歴史ファンの間で邪馬台国の所在地探しが過熱するいわゆる邪馬台国ブームが生じた。このブームに、高松塚古墳壁画発見などのトピックや、哲学者・梅原猛が法隆寺建立について論じた『隠された十字架』などのベストセラーが重なる形で、七〇〜八〇年代の古代史ブームが形成された。

記紀で神話として扱われている神武即位より前の伝承を古記録・古文書の体裁で歴史として扱った文献、それらが一九七〇年代の古代史ブームの中で見直され始めた当初は「超古文書《ちょうこ》」「超古代史書《ちょうこだい》」（使用者：吾郷清彦《あごうきよひこ》）、「特殊史料」（使用者：鈴木貞一《ていいち》）などと呼ばれていた。

当時のブームを牽引《けんいん》していた論客の一人、吾郷清彦（一九〇九〜二〇〇三）は「超古代」という用語を使うにあたって次のような定義を行っている。

吾郷清彦による「超古代」の定義と解説

定義：超古代とは、縄文時代（BC二八〇〇を下限とする）をいう。

解説：日本歴史の場合、神武《じんむ》朝以前をとりあつかい、主として左の九期を対象とする。

（略）

【註】㈠　神武天皇即位をBC二八〇〇とする（日本書紀はBC六六〇年）

㈡　各期の代数および㈠の推定年代は、古史・古伝の文献によって綜合算出したもの。

（吾郷清彦『古代近江王朝の全貌――琵琶湖周辺の秘境・古跡を探る』一九八〇）

吾郷が「超古代」の時代区分について用いた九期については吾郷の主観的な判断に基づくものであり、煩瑣《はんさ》に過ぎるので割愛した（ちなみに吾郷はその最古の時期をアメノミナカヌシ朝と呼び、「BC七五〇〇年・縄文草創期」にあたるとしている）。

縄文時代の下限を紀元前二八〇〇年に求めるのも吾郷独特の年代観による神武天皇即位紀年に合わせたものであり、考古学ではここまで細かい絶対年代は求めようがない。

しかし、ここで注目すべきはその紀元前二八〇〇年というのが吾郷の推定する神武天皇即位年でもあるということである。つまり、吾郷は、彼独自の推算による神武天皇即位年を事実上の下限として「超古代」を設定し、それを考古学用語である縄文時代に付会したものと推定できる。

神武天皇即位より前の歴史叙述、それは記紀においては神話であり、時代区分としては神代である。つまり吾郷の定義した「超古代」は神代の言い換えとして解釈できる。

『古代近江王朝の全貌』の版元・琵琶湖研究会の理事長だった宮部誠一朗《せいいちろう》（一九一一〜九五）は、「超古代の超というのは高い空のことを超高空という超と同じ意味で単にとても昔という意味しかない」と言っておられたが、当時の出版界ではすでに**古代宇宙飛行士説**＊やムー、アトランティスなどの「失われた大陸」説で語られる内容を超古代文明と呼ぶ用法が定着していたため（オカルト雑誌『ムー』の創刊は一九七九年）、「超古代」という用語にそのイメージがつきまとうのは避けられなかった。

数合わせ優先だった吾郷式「古史・古伝」分類

さて、もう一つ注目すべきは吾郷がその「超古代」の年代観を定めるために参考にした文献のことを「古史《こし》・古伝《こでん》」と呼んでいることである。

吾郷は『古事記以前の書——神代文書「ウエツフミ」の研究』（一九七二）において、古代史の基礎文献とみなしたものを「古典三書」（『古事記』『日本書紀《にほんしょき》』『古語拾遺《こごしゅうい》』）。これに『先代《せんだい》

＊古代の技術では建造不可能に思われる巨石建造物や、使用目的不明な古代の遺物には、高度な技術を持って地球を訪れた異星人の手が加わっているという説。

旧事本紀《くじほんぎ》』十巻本を併せて「古典四書」ともいう）「古史三書」（『竹内文書《たけうちもんじょ》』『富士宮下文書《ふじみやした》』『九《く》鬼《き》文書』）「古伝三書」（『上記《うえつふみ》』『秀真伝《ほつまつたえ》』『三笠文《みかさふみ》』）に分類した。吾郷自身はこの分類の基準を明確にしていないが、おそらく「古典」はアカデミズムで採用された古代史文献、「古史」はアカデミズムで採用されていない文献で神代文字に関する伝承を伴っているもの、「古伝」はほぼ全文が神代文字で書かれた文献という意味だろう。ちなみに吾郷は「古史」「古伝」に分類したものが偽書だとの認識をもっておらず、神代文字についても「古代和字《こだいわじ》」と呼んでその実在を認めていたので、「古典」「古史」「古伝」は同格の史料価値を持つものとみなしていた。

吾郷はさらに『日本超古代秘史資料』（一九七六）において、先述の基準からさらに「古史」に『物部《もののべ》文書』、「古伝」に『カタカムナ』を加えて「古史四書」「古伝四書」とし、さらに地方史の『東日流外三郡誌《つがるそとさんぐんし》』『但馬国司《たじまこくし》文書』、近現代の霊媒が神から聞いた内容をまとめたという『忍日伝天孫記《おしひでんてんそんき》』『神道原典《しんとうげんてん》』なるものを併せて「異録《いろく》四書」と名付けた（文書名表記については一部、吾郷の用語から変更）。

また、古代韓国の伝承をまとめたと称する『桓檀古記《かんだんこき》』の日本語版に吾郷が寄せた序文では「古典四書」「古史四書」「古伝四書」「異録四書」の他に、『桓檀古記』と、東丹《とうたん》国（九世紀に契丹《きったん》族が満洲《まんしゅう》〈現・中国東北部〉に建てた国）の史書という『契丹古伝』および『于闐秘《うてんひ》録《ろく》』『宝巻変文類《ほうかんへんもんるい》』による「大東四書《だいとう》」という分類を提案している（吾郷清彦「刊行に寄せて」。鹿島曻訳『桓檀古記』一九八二年、所収）。

しかし、『于闐秘録』『宝巻変文類』は実体としては同じもので、『香山宝巻《こうざんほうかん》』（『観世音菩薩《かんぜおんぼさつ》本行経《ほんぎょうきょう》』）という中国・宋《そう》代の仏事説法用台本である。一九八〇年、『香山宝巻』を周兆昌《しゅうちょうしょう》という人物が日本語で翻案した『観世音菩薩伝《かんぜおんぼさつでん》』という書籍が出ており、吾郷はその解説を誤読することで幻の古代文献を作り出してしまったものだろう。

吾郷の「古典」「古史」「古伝」「異録」「大東」分類は、個々の用語の定義よりも三書・四書といった数合わせの様式を優先したものであり、さらに真偽の判定を度外視していることからも現在では文献の分類法としては使えない。しかし、この吾郷の用語が残した影響は大きかった。

佐治芳彦の「古史古伝」五つの共通の核

一九七九年、ライターの佐治芳彦《さじよしひこ》は、著書『謎の竹内文書』において、吾郷の用語である「古史」「古伝」を併せて「古史古伝」という総称を使い始める。佐治は「古史古伝」に吾郷分類による「古史」と「古伝」だけでなく「異録」とされたもの（霊界通信を除く）も含めて考えている。

佐治によると「古史古伝」は次の五つの共通の核を共有しているという。

1 古代の苛烈《かれつ》な政治闘争に敗れ、没落した豪族の家系に伝わった伝承という形をとっている。

2 記紀に含まれない情報が多い。とくに神代—神武天皇以前の皇統譜なり神統譜なりにそれがうかがえる。

3 神々や天皇の行動範囲が日本だけでなく全地球的、少なくともユーラシア大陸的であったことを述べている。

4 部分的にせよ公開されたり、出版されたりして人目をひくようになると、治安当局から弾圧されることが多かった。

5 神代文字が出てくる。

しかし、これらの特徴のうち、1、4はたとえば『上記《うえつふみ》』にはあてはまらない。また、この五つの共通の核と称するものは、「古史古伝」という呼称にまったく反映されていないのである。佐治の指摘が妥当だったとしても、「古史古伝」という呼称はその実態と合っていないと言ってよいだろう。ちなみに佐治は『謎の竹内文書』ヒットをきっかけとして「古代史評論家」として活躍するようになった。

用語「異端古代史書」「近代偽撰国史」も提唱されるが定着せず

その後、一九八〇年代半ばには、『上記』研究者の田中勝也《かつや》（一九三七〜二〇一五）が「異端古代史書」という用語を使い始めたこともあった（田中勝也『異端日本古代史書の謎』一九八六）。最近では、藤原明氏が「近代偽撰国史」という用語を提唱していた（藤原明「近代の偽書」、久野俊彦・時枝務編『偽文書学入門』二〇〇四、所収）。

しかし、これらの用語の中で、もっとも実態を反映していない「古史古伝」が結果として、もっとも定着したのは皮肉な成り行きだった。

佐治は「古史古伝」について、偽書であってもその内容にはなんらかの真実がある、というスタンスをとっていた。そのため、佐治の著書には、「古史古伝」の各テキストについて没落した古代豪族の実際の伝承であることを前提とした記述がしばしば見られる。

しかし、実際には吾郷が「古史」「古伝」などに分類し、佐治が「古史古伝」と呼んだ文献はいずれも近世から近現代にかけての偽書である。結論からすれば、むしろ偽書であることこそ「古史古伝」の第一の条件といった方がよさそうだ。

「没落した古代豪族の伝承」と称しているのは、それらの氏族から見た歴史に関するまとまった記録が残っていない分、偽作できる余地が大きいからである。

神代について記紀にないような伝承があるのは、まさにそれらの文献が、神代に関する記紀の伝承の空白を埋めるために偽作されたものだからである。

神々や天皇の行動範囲が広大なのは、近世以降に日本にもたらされた地理上の新知識を反映しているからである。

公開が弾圧を招くことが多いのは、文書の偽作という行為自体にしばしば政治的な意味がからんでいるからである。

そして、神代文字についていえば、「古史古伝」に用いられているそれが古代日本語と関係ないことは音韻からも明らかである。仮名文字成立以前の古代日本で、漢字と異なる文字が用いられていたとしても、それが「古史古伝」の神代文字そのものであるとは考えられない(原田実『図説神代文字入門』二〇〇七)。

「古史古伝」と呼ばれる文献の実情から、「古史古伝」の定義を求めるとすれば、それはこのようなものとなるだろう。

すなわち、記紀で神話とされている「神代」を歴史として扱った近世から近現代にかけての偽書の総称である(この定義をとるにしても、その意味は「古史古伝」という呼称に反映されていないが)。

それにより、なぜ「古史古伝」に神代文字で表記されたものや、神代文字に関する伝承を含んだものが多いかもうかがえる。

「古史古伝」が神代を歴史として扱うものである以上、漢字伝来以前の日本ですでに歴史の記述が行われていたことにしなければならない。そのためには漢字以外の文字が古くから日本にあったことにしなければならないからである。

第9章

伊勢神宮から生まれた偽書
――『先代旧事本紀大成経』

内宮と外宮との争いを背景に「神道五部書」が出現

伊勢神宮《いせじんぐう》は日本の宗廟《そうびょう》（皇室の祖先を祭った神殿）として国家の行事とも大きなかかわりを有してきた神社である。伊勢神宮と一口にいっても、その中には百以上もの社があり、その中でも正社（中心的な神社）とされるのは皇祖神アマテラス（天照大御神）を祭る内宮《ないくう》（現・三重県伊勢市宇治館町《うじたち》）と豊穣神トヨウケ（豊受大御神）を祭る外宮《げくう》（現・伊勢市豊川町《とよかわ》）の二社である。

内宮の由来は、『日本書紀《にほんしょき》』によると、アマテラスを宮中で祭り続けると天皇が霊威に耐えられないということで、垂仁天皇《すいにん》（伝承上の在位前二九～後七〇）の皇女・ヤマトヒメが祭るにふさわしい場所を探し求め、伊勢に落ち着いたことによるという。

外宮の由来については、延暦《えんりゃく》二十三年（八〇四）に外宮の神職が朝廷に提出した『止由気《とゆけ》宮儀式帳《ぐうぎしきちょう》』などによると雄略《ゆうりゃく》天皇（伝承上の在位四五七〜四七九）の御世に、内宮の御饌《みけ》（食料）を確保するためにトヨウケを祭ったとされている。

伊勢神宮には古来、参拝に際して内宮より外宮に先に参る外宮先祭《せんさい》の礼があったという。私見ではこれは、外宮がいわば神宮の台所を預かっていたため、貢納を行う者は先に外宮を回ってから、内宮の方に参る慣習が生じたためであろう。

だが、そのせいか、鎌倉時代には内宮と同格、もしくはより上位の神として貴ばれるべきだという主張が外宮の神職から出されるようになった。

永仁《えいにん》四〜五年（一二九六〜九七）頃には、外宮が「豊受皇大宮」を号するようになったため、「皇字沙汰《こうのじさた》」（皇祖神でない外宮の神が「皇」の字を称号に用いられるかどうかの判断）をめぐって内宮が外宮に抗議したこともある。

このような背景から、外宮を内宮と同等以上の格式であることを示すために出現したのが「神道五部書《しんとうごぶしょ》」といわれる文献群である。

「神道五部書」の成立順と偽作説

「神道五部書」は、『天照坐伊勢二所皇太神宮御鎮座次第記《あまてらしますいせにしょこうたいじんぐうごちんざしだいき》』『伊勢二所皇太神御鎮座傳記《いせにしょこうたいじんごちんざでんき》』『豊受皇太神御鎮座本紀《とようけこうたいじんごちんざほんぎ》』『造伊勢二所太神宮宝基本紀《ぞういせにしょだいじんぐうほうきほんぎ》』『倭姫命世記《やまとひめのみことせいき》』からなる。

久保田収《くぼたおさむ》（一九一〇〜七六）の推定では、このうち先行して作られたのが『造伊勢二所太神宮宝基本紀』『倭姫命世記』の二冊であり、『天照坐伊勢二所皇太神宮御鎮座次第記』『伊勢二所皇太神御鎮座傳記』『豊受皇太神御鎮座本紀』は、おそらくやや遅れて外宮の宮司だった度会行忠《わたらいゆきただ》（一二三六〜一三〇五）によって作成されたものだという（久保田収『中世神道の研究』一九五九）。

「神道五部書」には大きく二つのテーマがある。ひとつは外宮の祭る神であるトヨウケは、万物を生み出す神であり、記紀で始原神とされるアメノミナカヌシやクニトコタチと同体であるということ（したがってその神位は皇祖神であるアマテラスにも勝るとも劣らない、ということになる）である。

そして、もうひとつは、神道を仏教から独立した別の宗教体系にしようという試みである。当時の日本では、神を仏教の仏・菩薩《ぼさつ》の化身（垂迹《すいじゃく》）とする形での神仏習合が進んでいたが、『神道五部書』の主張では伊勢神宮は仏教の影響を避け続けた場であり、そこに日本本来の祭祀《さいし》が伝わっているという。

ヤマトヒメの託宣を記したという『倭姫命世記』では、神仏習合への批判を「仏法の息を屏し、神祇《じんぎ》を再拝し奉れ」という簡潔な文で表現している（仏教伝来よりはるか前、西暦紀元前後の人のはずのヤマトヒメの託宣としては時代錯誤だが、そこはご愛敬というものである）。

「神道五部書」に示された神道教説は、伊勢神道もしくは外宮の宮司家の名をとって渡会神道と呼ばれている。伊勢神道は、中世以降、神仏習合の教義をとらないさまざまな神道説に影響を与え続けた。

室町時代の吉田兼倶《かねとも》（一四三五～一五一一）は日本の神道こそインドの仏教、中国の儒教よりも根源にあたる教えだとして唯一《ゆいいつ》神道（吉田神道）を説き、江戸時代の山崎闇斎《やまざきあんさい》（垂加《すいか》。一六一九～八二）は儒教の朱子学と神道を習合した垂加神道を説いたが、兼倶、闇斎とも、その教説の典拠として「神道五部書」を採用している。

国学者・吉見幸和《よしみゆきかず》（一六七三～一七六一）は著書『五部書説弁《ごぶしょせつべん》』で「神道五部書」の考証を行い、偽書であることを明らかにした。現在の神社本庁は外宮のトヨウケについて「衣食住はじめ産業の守り神」としており、伊勢神道の説は採用していない（神社本庁ＨＰ「伊勢の神宮」）。

伊雑宮の神領回復運動と『先代旧事本紀大成経』の刊行

さて、江戸時代になると、伊勢神宮における正統性の争いに新たな参加者が名乗りを上げることになる。

現在の三重県志摩《しま》市磯部町上之郷にある伊雑宮《いざわのみや》は、伊勢内宮の別宮の一つでアマテラスの遥宮（遥拝所）とされ、さらに志摩国の漁民を守る磯宮《いそのみや》としても地元の人々の崇敬を集めていた。しかし、戦国時代の動乱の中で伊雑宮の神領の多くは失われた。

寛永《かんえい》二年（一六二五）、伊雑宮は神領回復のために幕府や内宮に働きかけたが、とりあわれず、かえって神官たち五十人余りが流刑に処せられるという騒ぎとなった。

『先代旧事本紀大成経』（成田山仏教図書館蔵）

寛永十一年、日光参詣に向かう江戸幕府三代将軍徳川家《とくがわいえ》光《みつ》に伊雑宮の神官が神領回復の直訴を試みたが、またも黙殺される。

さらに寛文《かんぶん》三年（一六六三）には、神領回復運動を行っていた神職四十七人が、伊雑宮の由緒を捏造《ねつぞう》しようとした嫌疑を受け、伊雑宮から追放処分となっている。

神領回復運動の白熱化の中で、次第に伊雑宮こそ伊勢神宮の本宮であり、内宮・外宮よりも上位であるとの信仰が醸成されていく。

延宝《えんぽう》七年（一六七九）、江戸で『先代旧事本紀大成経《せんだいくじほんぎたいせいきょう》』（『神《じん》代皇代《だいこうだい》大成経』ともいう。以下、『大成経』）という書籍が刊行された。『大成経』は、全七十二巻付録二冊（序文・目録）にも及ぶ大部の本である。『先代旧事本紀』と称する本は複数あるが、いずれもその編者は聖徳《しょうとく》太子（五七四〜六二一？）とその臣に仮託されている。もっとも代表的なのは『先代旧事本紀』十巻本で、偽書とはいえ、成立は平安時代初期まで遡《さかのぼ》るため、実際に古い伝承が残されている可能性もある。『大成経』についていえば、その序文による由来は、推古《すいこ》天皇二十年（六二〇）に聖徳太子の命で蘇我馬子《そがのうまこ》が集めた各氏族の系譜と小野妹子《おののいもこ》・秦河勝《はたのかわかつ》によってもたらされた土簡《はにふだ》（文字を刻んだ粘土板）から編纂《へんさん》されたというものである。

その七十二巻の中には、聖徳太子が千年先の世を予言したという「未然本紀《みぜんほんぎ》」、五通り各十七条で全八十五条に及ぶ「憲法《けんぽう》本紀」（「**聖徳太子五憲法**」*）政家《せいか》憲法・儒士《じゅし》憲法・釈子《しゃくし》憲法・神職《しんしょく》憲法・通蒙《つうもう》憲法）などを含んでいる。

また、のちに神代文字の実在を主張する国学者や神官などが、文字の配列に用いた「ひふみ歌」という神歌の初出も、この『大成経』だった。

しかし『大成経』においてもっとも重大な記述と言えるのは、ヤマトヒメによる伊勢神宮創建を記した箇所である。そこには、ヤマトヒメがアマテラスを祭るためにとどまったのは現在の内宮の場所ではなく伊雑宮の場所だったと記されていたのだ。

さらに伊勢神宮の正宮について、内宮・外宮の二社ではなく、五十宮《いそのみや》・内宮・外宮の三社

＊法律というより、道徳・処世訓的性格が強い文章である。政家憲法は権力者、儒士憲法は儒者、釈子憲法は僧侶、神職憲法は神官が守るべきものとして説かれたものとされる。通蒙憲法は十七条憲法の一部改竄。

とし、その三社の筆頭でもっとも上位にあるのは五十宮だとした。この五十宮とは磯宮の当て字であり、すなわち伊雑宮のことである。

幕府の裁定で禁書処分となる

内宮・外宮は『大成経』について、伊雑宮が社格をごまかすために作成した偽書とみなし、幕府に詮議《せんぎ》を願った。

その結果、幕府は『大成経』を偽書と断じた上で禁書処分とし、版木まで焼却したのである。版元は江戸追放、出版にかかわった神道家・永野采女《ながのうねめ》（一六一六～八七）と伊雑宮神官は流罪に処せられた。また、やはり出版にかかわった黄檗宗《おうばくしゅう》の僧・潮音道海《ちょうおんどうかい》（一六二八～九五）は、上州で身柄預かりとなった。

しかし、潮音は桂昌院《けいしょういん》（五代将軍・綱吉《つなよし》の生母。一六二七～一七〇五）の篤い帰依《きえ》を受けた高僧だったため、上州で黒瀧山不動寺《くろたきさんふどうじ》（現・群馬県甘楽郡南牧村《かんらぐんなんもくむら》）を開き、禁書後も『大成経』の研究を続けた。

潮音は仏教者の立場から仏教・神道・儒教の三教調和を求めたが、同様の考え方は『大成経』では聖徳太子の思想として出てくる。潮音自身が『大成経』の偽作にまでは関与していなかったにしても、彼が出版に協力したのが、その思想に共感してのものだったのは確かだろう。

ちなみに釆女も上州沼田《ぬまた》(現・群馬県沼田市)出身で、その地において物部《もののべ》神道という教説を起こすのだが『大成経』にはその教義も取り入れられているようだ(佐藤喜久一郎『近世上野神話の世界——在地縁起と伝承者』二〇〇七)。

一九九〇年代、「ノストラダムの大予言」ブームのリバイバルで『大成経』「未然本紀」が預言書として再注目されたことがある(月海千峰『古代ユダヤ人と聖徳太子の秘密——『先代旧事本紀』が明かす〝真の日本建国者〟の実像』一九九四、飛鳥昭雄・山上智『聖徳太子の大預言』一九九八)。

ほぼ同時期に国民的歌手・三波春夫《みなみはるお》(一九二三〜二〇〇一)は『大成経』の「聖徳太子五憲法」は現代にも通用する道徳だと再評価した(三波春夫『聖徳太子憲法は生きている』一九九八)。

「未然本紀」にしても「聖徳太子五憲法」にしても、伊雑宮の社格向上という本来の『大成経』偽作の目的からすれば枝葉末節にあたるものである。その枝葉末節が三百年以上の時を越えて現代人の需要に応えるものになったというのは面白い展開である。

第10章 歌道とかかわりのある偽書 ――「鵜鷺系偽書」「ヲシテ文献」

公家社会における「歌道」の役割

前近代の日本、とくに公家社会において、歌詠みの才は実務能力以上に、その人物の社会的評価に影響した。皇帝を中心とした世界における人物・事物の歴史的評価を行うという中国正史の機能を、日本において果たしていたのは勅撰《ちょくせん》歌集だったという私見については、すでに拙著『天皇即位と超古代史――「古史古伝」で読み解く王権論』（二〇一九）で論じたところである。

日本社会において家格による序列の形成や、家業という概念の形成とその固定化が進んだのは院政期（十一世紀後半~十二世紀）のことである。その結果として有力武家による軍事力の専有も生じ、それが中世における武家政権成立にもつながるわけだが、それはさておき、その家業の固定化の中で、藤原氏のいわゆる御子《みこ》左流《ひだり》（藤原道長《みちなが》の六男・長家《ながいえ》を祖とする一族）

は歌道の家としての立場を確立していった。

その御子左流を代表する歌人が、藤原俊成《としなり》（一一一四〜一二〇四）、藤原定家《さだいえ》（一一六二〜一二四一）、藤原為家《ためいえ》（一一九八〜一二七五）の三代である。

定家は『新古今和歌集《しんこきんわかしゅう》』（後鳥羽《ごとば》院親撰）編纂《へんさん》における実質的な中心人物として、あるいは小倉百人一首の編者としておなじみだが、『源氏物語《げんじものがたり》』をはじめとする王朝文学古典の書写・註釈においても大きな業績があり、古代と中世以降の日本文化を橋渡しした人物の一人といってよい。

藤原定家に仮託された、鵜鷺系偽書

その定家に仮託された偽書に、鵜鷺《うさぎ》系偽書と総称されるものがある。『愚見抄《ぐけんしょう》』『愚秘抄《ぐひしょう》』『三五記《さんごき》』『桐日桶《きりひおけ》』などで、いずれも歌道の奥義を記したとされるものだ。実際にはそれらの成立年代は鎌倉時代末〜南北朝時代と推定されている。これらの書は、それぞれ鵜と鷺の絵を表とする「うさぎの箱」二合に収められていたとされる。

その鵜鷺系偽書の中でも『愚秘抄』は「鵜本」「鵜末」、『三五記』は「鷺本」「鷺末」の各二巻となっている。

定家が和歌の添削・指導のために書いた手紙の控えをまとめたという歌道書は『毎月抄《まいげつしょう》』

と呼ばれている。その『毎月抄』には、定家が航海神で歌の神でもある住吉明神の神示を受けて『明月記《めいげつき》』という本を書き始めたことが記されているが、その名は、今は定家の日記の名称として用いられている(冷泉家《れいぜい》に定家自筆本が現存)。

つまりは実際に定家の手になる歌道書には「月」という字がついてまわるわけで、「鵜鷺」とはその月にかかわる名詞としての「うさぎ」を二種の鳥の名に分解したものというわけである。また、『三五記』の三五は、十五、すなわち十五夜の満月を連想させる。

「うさぎの箱」に関しては次のような話が伝わっている。定家の孫で為家の子である二条為《ため》氏《うじ》(一二二二~八六)は、御子左流の当主として歌壇の有力者となった。

しかし、その家督相続をめぐって為氏と、その弟たちである京極為教《きょうごくためのり》(一二二七~七九)や冷泉為相《ためすけ》(一二六三~一三二八)との間に不和が生じた。為相の母である阿仏尼《あぶつに》(一二二二?~八七)が相続に関する不満を幕府に陳情し続けていたことは、阿仏尼の日記である『十六夜《いざよい》日記』にくわしい。

北畠親房《きたばたけちかふさ》の歌道書『親房卿古今集序註《きょうこきんしゅうじょちゅう》』によると「うさぎの箱」は為氏が引き継いだが、阿仏尼がひそかに持ち出して鎌倉に持ち去っていた。朝廷では為相から「うさぎの箱」を召し上げ、あらためて為氏に下した。しかし、阿仏尼は為氏が「うさぎの箱」の中身をくわしく知らなかったことを幸い、提示された目録と対応する分だけ変換して、秘伝書を手元にとどめたのだという(小川豊生「藤原定家と〝偽〟歌論書」『別冊歴史読本　徹底検証古史古伝と偽書の謎』二〇〇四)。

二条家(持明院《じみょういん》統─北朝寄り)では定家─為家─為氏と伝わった『古今和歌集』の秘事を伝授していた。二条家が室町時代に絶えてからもその秘伝は古今伝授《こきんでんじゅ》として血縁によらぬ形で継承された。関ヶ原《せきがはら》の合戦の前哨戦となった田辺《たなべ》城の戦い(一六〇〇年)で西軍に囲まれて籠城した細川藤孝《ふじたか》(幽斎《ゆうさい》。一五三四〜一六一〇)が、自分が死ぬと古今伝授が絶えるとして朝廷を動かし、和睦《わぼく》にもちこんだことは有名である。つまり鵜鷺系偽書は、冷泉流の歌道において、二条家による秘事伝授に対抗するために作成したものと思われる。

なお、東京大学名誉教授で国文学の権威だった久松潜一《ひさまつせんいち》(一八九四〜一九七六)は、中世歌論における歌の分類の展開から鵜鷺系偽書が定家の著でありえないことを改めて明らかにした(『日本歌論史の研究』一九六三)。

『秀真伝』発見による再評価

中世における歌道の秘伝は「古今伝授」にしろ、鵜鷺系偽書にしろ、歌を職掌とする家と結びついた形で発祥し、広められたものだった。ところが近世に入り、歌道が特定の家による管理を離れた教養として社会に定着するようになると、それらの家とは出自を異にする人々によっても新たな歌論を作ろうという動きが生じる。松尾芭蕉《まつおばしょう》（一六四四〜九四）を祖とする蕉風《しょうふう》（連歌から派生した俳諧において芸術性を追求した流派）もその一例といってよいだろう。そして、その新しい時代の歌道は、新しいタイプの偽書を生み出すものともなった。

さて、時代は下って現代の話である。編集者・松本善之助《よしのすけ》（一九一九〜二〇〇三）は、一九六六年、古書店で奇妙な文字が用いられた古書を購入した。松本はその古書の来歴を調べ、それが『秀真伝《ほつまつたえ》』という文献の一部の写本であることを知った。松本は、さらなる調査によって『秀真伝』全文や、同じ文字を用いた文献である『太占《ふとまに》』や『三笠文《みかさふみ》』の一部の写本を発見した。これらは江戸時代にはその存在が確認されていた「ヲシテ」と呼ばれる神代文字（とされる文字）が使用されていたため、総称してヲシテ文献という（ただし、生前の松本は「ヲシテ」ではなく「日本固有文字」という呼称を好んでいた。「ヲシテ」とはこれらの文献の表音表記に用いられている記号で、ホツマ文字などとも呼称されている。『秀真伝』などに用いられる文字は、江戸時代後期の国学者・平田篤胤《ひらたあつたね》〈一七七六〜一八四三〉の『神字秘文伝』疑字篇《ぎじへん》では「土牘秀真文《はにふだほつまぶみ》」「三笠山伝記《みかさやまのでんき》」と呼ばれている。これを「ヲシテ」と呼ぶことを提唱したのは池田満氏で、『秀真伝』で歌を記録したという箇所に出てくる単語を文字の意味に解して採用したものである。池田氏は「オシテ」「ヲシテ」の用例を、十一〜十二世紀成立の辞書『類聚名義抄《るいじゅみょうぎしょう》』にも見つけたという。ただし、その用例での意味は「印」「璽《じ》」、すなわち判子・印鑑であるとされており、文字とい

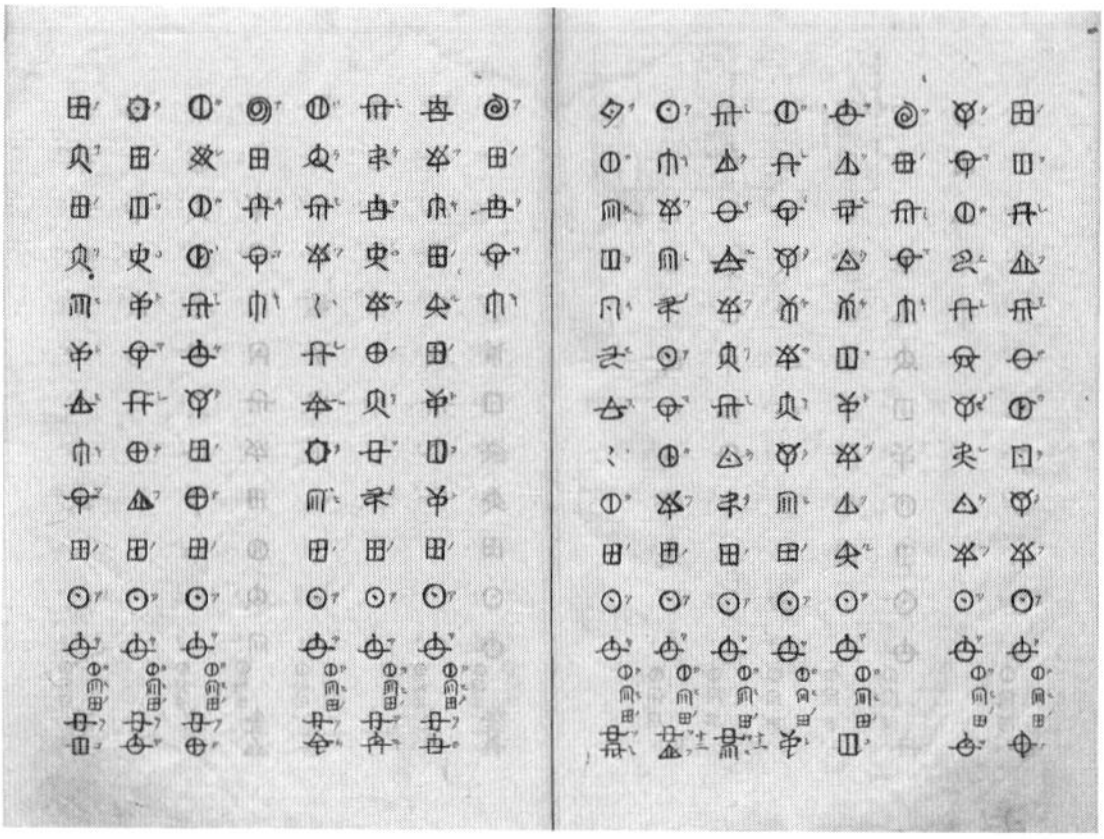

『ホツマツタヱ』（『秀真伝』）の写本（国立公文書館蔵）

う意味ではない〈池田満『よみがえる縄文時代イサナギ・イサナミのこころ』展望社、二〇一三〉。本書では池田氏の提唱に従うこととする）。

　ヲシテの存在は平田篤胤の神代文字コレクション『神字《かむな》日《ひ》文伝《ふみのつたえ》』疑字篇にも収録されていたが、松本はヲシテで書かれた文献があったことを現代に再発見したわけである。

　ちなみにヲシテ文献は、全文がヲシテで表記されているだけでなく、五七調の韻律によって語るように綴《つづ》られており、長歌を意識した叙事詩として構想されたものだったことがうかがえる。

　松本は、後述するように『秀真伝』の漢訳が『日本書紀』の原史料に用いられたと主張し、今でもその説に賛同した人々が全国各地でヲシテ文献の研究グループを作っている。

　しかし、実際には、ヲシテ文献は、安永《あんえい》年間（一七七二〜八一）前後に活躍した近江《おうみ》の修験者・伊保勇之進《いほゆうのしん》（三輪容聡《みわやすとし》・和仁古安聡《わにこやすとし》とも称す）が偽作したものと思われる。伊保は、現・滋賀県高島市の地誌である『高島郡志』（一九二七）に「寛文《かんぶん》の頃佐々木氏郷《ささきうじさと》あり、安永の頃和仁古安聡あり。共に本郡神社の由緒を偽作せり」とあるように、沢田源内《さわだげんない》（佐々木氏郷）と並び称せられた偽作常習者であった。

現・滋賀県高島市には『和解三尾大明神本土記《わげみおだいみょうじんほんどき》』『嘉茂《かも》大明神本土記』『太田《おおた》大明神本土記』『子守《こもり》大明神本土記』『三尾大明神略縁起《りゃくえんぎ》』『万木森薬師如来《ゆるきのもりやくしにょらい》縁起』など、ヲシテ文献と用語や伝承に共通性がある寺社縁起がいくつも伝わっていたが、これらはいずれも伊保の作品とみられる。

伊保は安永四年（一七七五）、自ら書写（創作?）した『秀真伝』を近江国高島郡の三尾神社（廃社後、現・高島市安曇川《あどがわ》町の田中神社摂社として遷座）に奉納した。さらに神道家・小笠《おがさ》原通当《わらみちまさ》（一七九二〜一八五四）が三尾神社の『秀真伝』を書写、京都に天道宮《てんどうぐう》という神社を興した。松本が発見したヲシテ文献写本の多くは通当の子孫である小笠原家に伝わっていたものである。

『秀真伝』のワカヒメ

さて、『秀真伝』の内容は天地開闢《てんちかいびゃく》から景行《けいこう》天皇（伝承上の在位年代は七一〜一三〇）の御世までを対象とした神話・歴史であり、『三笠文』は現存箇所から察する限り『秀真伝』を補完する文献である。

『秀真伝』『三笠文』序では景行朝後期に関東遠征からの帰途に死んだヤマトタケ（景行の皇子。記紀のヤマトタケル）の慰霊のために編纂されたものだという。松本らがヲシテ文献こそ『日本書紀』の原史料だと主張したのは、この序文を信じ、成立年代を二世紀初めに置いたためである。

さて、『秀真伝』の語る神話・伝説は単純な時系列順ではない。『秀真伝』全四十紋《あや》（「巻」にあたるヲシテ文献特有の用語）の第一紋において語られるのは天地開闢ではなく、アマテル（記紀のアマテラスにあたるが女神ではなく男神）、ソサノヲ（記紀のスサノオにあたる）の姉で、和歌の神であるワカヒメ（ヒルコヒメ・シタテルヒメとも呼ばれる）の誕生から結婚までの顚《てん》末《まつ》である。

ソレワカハ　ワカヒメノカミ　ステラレテ　ヒロタトソダツ　カナサキノ
ツマノチオエテ　アワウワヤ　テフチシオノメ

これはワカヒメが幼少期に親から捨てられ、カナサキ（ヲシテ文献では住吉神の別名）に拾われて、その妻の乳を与えられ、アワワチョチチョチ（赤ん坊をあやすしぐさ）と育てられた、という内容で、ここから成長したワカヒメが歌の力で虫を払ったり、見染めた青年に歌でプロポーズしたりしたことなどが語られていく。

この紋の冒頭「ソレワカハ」は、『古今和歌集』仮名序の冒頭「それ和歌は」と同じである。また、『秀真伝』では、「山」の枕詞《まくらことば》が「あしびきの」となった理由がイザナギの黄泉《よみ》国帰りの神話と関連付けられたり、「明（暁）」の枕詞が「ほのぼのと」、「夜」の枕詞が「ぬばたまの」となった理由がワカヒメの事蹟と結びつけられたりと枕詞の語源がしばしば語られるが、こうした枕詞への語呂《ごろ》合わせ的解釈は、古今伝授や鵜鷺系偽書など中世の歌道では「秘事」として重視されてきたものである。

ヲシテ文献、とくに『秀真伝』は中世歌道の秘事を踏まえた上で、全体を「歌」として構成した近世歌道書とみなすことが可能である。

ヲシテ文献の文中には独自の神道教説や古代史解釈もあり、最近では近世思想史・近世文学の史料として新たな光が当てられつつある（たとえば吉田唯『神代文字の思想――ホツマ文献を読み解く――』二〇一八）。今後の進展に期待したい。

第11章

文学作品の偽作
――「『誘惑女神』事件」ほか

谷崎潤一郎の未発表作品発見――『誘惑女神』事件

『朝日新聞』一九八五年九月三日付夕刊第一面には次の見出しが躍っていた。

「未発表の直筆『谷崎戯曲』『誘惑女神』31歳の作　68年ぶりに発見　未亡人のもとに帰る」

記事の内容は、小説家・谷崎潤一郎《じゅんいちろう》（一八八六〜一九六五）の署名入り未発表原稿がとある劇作家の家に保管されていたのが発見され、その劇作家自身の手によって谷崎家に返還されたというものである。その未発表戯曲『誘惑女神』全文は同年九月十三日号の『週刊朝日』に掲載され、一時は秦恒平氏や水上勉《みずかみつとむ》（一九一九〜二〇〇四）ら有名作家までが谷崎の傑作として賞賛するほどの話題となった。

ところが発見から三年後、『国文学』昭和六十三年（一九八八）七月号に細江光氏の論文「谷崎の作品ではなかった　偽作『誘惑女神』をめぐって」が掲載されるや事態は一転した。細江氏は、大正六年（一九一七）に谷崎や坪内逍遥《つぼうちしょうよう》（一八五九〜一九三五）の名を騙《かた》って新聞社・雑誌社に自分の作品を売り込んだ作家がいたのをつきとめ、『誘惑女神』がその人物の作であることを明らかにしたのである。今では谷崎文学を語る場において『誘惑女神』が取り上げ

朝日新聞 夕刊

1%枠撤廃・政府計画作り
月内同時決着めざす
防衛費 4閣僚協議で一致

民社からも慎重論

ミヨシ油脂
油脂総合加工メーカー

未発表の直筆「谷崎戯曲」
「誘惑女神」31歳の作
68年ぶりに発見
未亡人のもとに帰る

谷崎潤一郎（昭和初期）

カステラ一番 電話は二番
文明堂 BUNMEIDO

『誘惑女神』発見を報じた新聞紙面（朝日新聞1985年9月3日夕刊1面）

られることはまずない。

『誘惑女神』作者は同時代的には詐欺師《さぎし》扱いされていたが、いったん忘れ去られることで後世の有名作家にも谷崎作品として遜色《そんしょく》ない作品を書けるだけの文才があったことを示したことになる。

十八世紀に流行った古代・中世に仮託した文学作品の偽作

『誘惑女神』事件は、近現代人が同時代の作家の作品を偽造した例だが、十八世紀、英国と日本でほぼ時を同じくして古代・中世に仮託した文学作品の偽作が流行《はや》ったことがある。

英国においては、トマス・チャタートン（一七五二〜七〇）のローリー詩集（ローリーはチャタートンによる架空の中世英国人）、ジェイムス・マクファーソン（一七三六〜九六）のオシアン詩集（オシアンは本来、古代アイルランドの伝説的詩人だがマクファーソンは自分と同郷のスコットランド人とした）などがその代表である。

チャタートンやマクファーソンが行ったことは古典の偽作であり、チャタートンは実際に詐欺師扱いされてわずか十七歳で自殺に追い込まれている。しかし、彼らの作品が中世物語文学（ロマンス）への憧れをかきたてることで、英国ロマン主義文学の先駆となったのも確かである。一八九四年、フランスの詩人ピエール・ルイス（一八七〇〜一九二五）は、古代ギリシャの遺跡から発掘された詩の翻訳という触れ込みで『ビリティスの歌』を発表し、真に受けた批評家たちが恥をかいたともいうが、これはチャタートンやマクファーソンの行為を文学的営為としてなぞるものでもあった。

日本でも十八世紀に菅原道真《すがわらのみちざね》（八四五〜九〇三）が大宰府《だざいふ》に流される途中までの道中記という『須磨記《すまき》』、清少納言《せいしょうなごん》（九六六〜一〇二五?）が『枕草子《まくらのそうし》』後日談として中宮定子《ちゅうぐうさだこ》の没後に陸奥《むつ》へ下った顚末《てんまつ》を記したという『松島日記《まつしまにっき》』などが出現し、本居宣長《もとおりのりなが》（一七三〇〜一八〇一）をして、次のように嘆じさせた。

「すべて近き年ごろはさるいつはりぶみをつくり出づるたぐひのことに多かる。えうなきすさびにおほくのいとまをいれ、心をもくだきてよの人をまどはさんとするは、いかなるたふれ心にかあらむ」（『玉勝間《たまかつま》』巻二）

（最近は〈『須磨記』『松島日記』のような〉偽書が作られる例が多い。役にたたないお遊びに多くの時間を費やし、入念な作業まで行って世の中の人を惑わせようとするのは、どのような異常心理によるものだろうか）

京都大学名誉教授の日野龍夫《ひのたつお》（一九四〇〜二〇〇三）は『須磨記』『松島日記』と同時期に流行した偽書として『扶桑見聞私記《ふそうけんもんしき》』七十六巻と『藤九郎盛長私記《とうくろうもりながしき》』五十一巻に言及する。『扶桑見聞私記』は鎌倉幕府成立の功労者ともいうべき大江広元《おおえのひろもと》（一一四八〜一二二五）の日記、『藤九郎盛長私記』は鎌倉幕府の御家人だった安達盛長《あだちもりなが》（一一三五〜一二〇〇）の日記という体裁で、いずれも平安時代末期から鎌倉時代初期までの動乱を綴《つづ》ったものである。

その作者は加藤仙安《かとうせんあん》（須磨不音《すまふおん》ともいう）という享保《きょうほう》年間（一七一六〜三六）頃の人とされている。日野は加藤の偽書について「そこに注がれたモノマニアックな情熱が読む者を驚倒させずにはおかない」「少なく見積もって十数年の丹精の籠められた〝作品〟であったであろう」と評している（日野龍夫『江戸人とユートピア』一九七七）。

江戸時代に現れた随筆『太田道灌自記』

日記・随筆の形式をとった江戸時代の偽書としては『太田道灌自記《どうかんじき》』（『我宿草《わがやどぐさ》』）というものもある。表題どおり、江戸城を築城した武将の太田道灌（一四三二〜八六）の随筆とされるもので、江戸時代には教訓書として珍重され享和《きょうわ》三年（一八〇三）、嘉永《かえい》三年（一八五〇）には刊本も出ている。東京大学図書館に所蔵されているのは文化《ぶんか》八年（一八一一）の写本である。

國學院大學・明治大学教授を兼任した碩学《せきがく》・渡辺世祐《わたなべよすけ》（一八七四〜一九五七）は『国史論《ろん》叢《そう》』（一九五七）において『太田道灌自記』の真の著者は垂加《すいか》神道の影響を受けた好事家だろうとしたが、日野はその説を受け、主に大阪で活躍した戯作者・雑学者の田宮仲宣《たみやちゅうせん》（一七五三?〜一八一五）に特定する。

　日野は仲宣の人物像と偽作の動機について次のように述べている。

「（仲宣は）豊かな才気に恵まれ、かなりの学問もありながら、精神の散漫ゆえに大成せず、洒落本《しゃれぼん》・随筆・雑著を数点ずつ著した以外には、見るべき仕事を残すことができなかった人物である」

「世間への不満は復讐《ふくしゅう》の折をうかがう。認められることがなかった学殖を動員して偽書を作り、世間を瞞着《まんちゃく》することは、仲宣にとって快い遊びだったに違いない。かくて『我宿草』は田宮仲宣の作と断じてまず百パーセント誤りない。この書に多くの写本の伝わることは、仲宣の復讐の成功を物語るものであった」（前掲『江戸人とユートピア』）

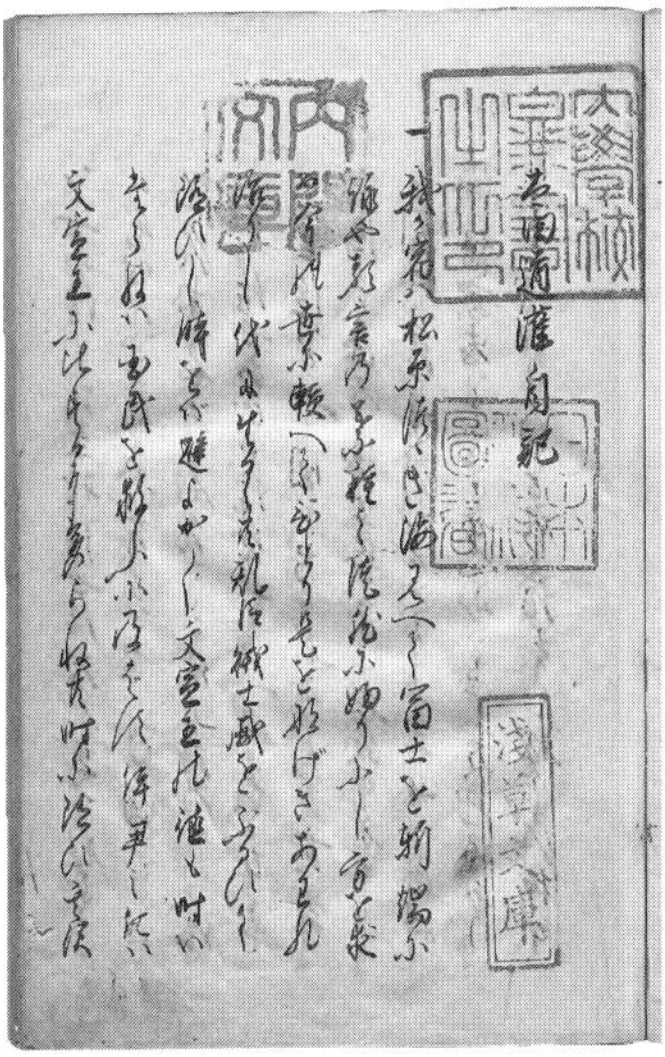

『太田道灌自記』本文冒頭部分（写本。国立公文書館蔵）

　この「世間を瞞着する」ことが「快い遊び」になる心理は、宣長が『須磨記』『松島日記』の作者に見出した「たふれ心」に通じるものだろう。

　あるいは、その心理は、本書ですでに

取り上げた沢田源内や椿井政隆《つばいまさたか》、伊保勇之進《いほゆうのしん》らにも見られるものかもしれない。

十八世紀英国の古典偽作はロマン主義を準備したが、江戸時代の偽作者たちの文学的営為はほとんど後世につながることなく徒花《あだばな》に終わった感がある。むしろ後世への影響ということでは、現在の椿井文書やヲシテ文献のように偽書を本物と信じた人々が歴史を捻《ね》じ曲げようとする弊害の方が大きいといえよう。

江戸時代の偽作者たちの動機に、『誘惑女神』作者と同様の実利的要素があったことは否めない。しかし、逆に言えば近現代の偽作者たちも江戸時代の偽作者たちと同様の遊戯的感覚に突き動かされた面があったとも考えうるのである。

なお、江戸時代前期には、『伊勢物語』のパロディで寛永《かんえい》年間(一六二四〜四四)に出た『仁《に》勢《せ》物語』、『枕草子』のパロディで寛永九年(一六三二)に出た『尤草紙《もっとものそうし》』など王朝文学のパロディの仮名《かな》草子(仮名文や仮名交じり文で書かれた散文読物)が流行したことがある。江戸時代の古典偽作はその流れをくむものと考えることもできる。

第12章 引用された架空の文献
――「中世日本紀」ほか

引用という形での偽作

二〇一九年五月、学校法人東洋英和女学院は院長である深井智朗氏を懲戒解雇したとの発表を行った。理由は深井氏の著書『ヴァイマールの聖なる政治的精神――ドイツ・ナショナリズムとプロテスタンティズム』(二〇一二)において長文引用された「今日の神学にとってのニーチェ」という論文がそもそも存在せず、その著者とされた神学者カール・レーフラー自体、架空の人物と判明したからというものだった。『ヴァイマールの聖なる政治的精神』は、発表された当初から西欧思想史学者の小柳敦史氏による書評(『日本の神学』五二号所収)などにおいて、引用された参考文献の書誌に関する不明瞭さが指摘されていた。

小柳氏のその後の調査によって、カール・レーフラーの実在が疑わしくなり、東洋英和女学院大学でもその指摘を受けて調査委員会を作り、参考文献捏造《ねつぞう》の事実を明らかにしたものである。

哲学者の純丘曜彰氏は、二〇一九年五月十九日付のWEBニュースで深井氏の動機を推測し、一九二〇年代ドイツの神学・哲学を論じる上で避けて通れない人物であるマルティン・ハイデッガー（一八八九〜七六）を、ナチス協力者ということで黙殺したため、その空白を埋めるために架空の人物が必要になったとしている（純丘曜彰「カール・レーフラーの神学とその時代」）。

「和銅日本紀」と「中世日本紀」

中世日本においては、「日本紀に曰く《にほんぎいわ》」として、実際の『日本書紀《にほんしょき》』には存在しない文を「引用」することが流行した。歴史学者の友田吉之助《ともだきちのすけ》（一九一二〜九五）は、現行『日本書紀』（友田は「養老《ようろう》日本紀」と呼ぶ）の成立以前に「和銅《わどう》日本紀」ともいうべき史書が朝廷により編纂《へんさん》されていたと主張した。友田の説によれば、「養老日本紀」と異なる文面で中世の文献に引用された「日本紀」の多くは、「和銅日本紀」の逸文《いつぶん》なのだという（友田吉之助『日本書紀成立の研究』一九六九）。

ただし、友田の説は当時の国史学界の大御所だった坂本太郎（東京大学・國學院大學名誉教授）からその史料操作の杜撰《ずさん》さを厳しく批判された（坂本太郎『日本古代史叢考』一九八三）。

一九七二年、国文学者の伊藤正義《まさよし》（神戸女子大学名誉教授。一九三〇～二〇〇九）は、中世文献に引用された現行『日本書紀』と異なる「日本紀」について、その時代における神代・上代の理解を示す物語として解読すべきであるとして「中世日本紀《ちゅうせいにほんぎ》」という概念を提唱した（伊藤正義「中世日本紀の輪郭——太平記における卜部兼員《うらべかねかず》説をめぐって」『文学』第四〇巻第一〇号、一九七二年十月）。

「中世日本紀」は伊藤や阿部泰郎氏（現・名古屋大学教授）、小川豊生氏（現・摂南大学教授）ら主に国文学専攻の研究者によって取り上げられ、史学出身の山本ひろ子氏（和光大学名誉教授）によって中世神話という文脈からも注目された。二〇一〇年代までの「中世日本紀」研究史については弘前大学准教授・原克昭氏の『中世日本紀論考』（二〇一二）にくわしい。

なお、「日本紀」と称される文献には『日本書紀』の他に、鎌倉～南北朝時代の僧・中巌円《ちゅうがんえん》月《げつ》（臨済《りんざい》宗。一三〇〇～七五）が暦応《りゃくおう》四年（一三四一）に撰述した『日本紀』（『日本書』『日本記』とも表記）がある。中巌はこの書で日本の皇室を呉《ご》の太伯《たいはく》（中国春秋《しゅんじゅう》時代の呉国の始祖）の末裔《まつえい》として記したが、世に行われることなく失われた（焚書《ふんしょ》されたという説もある）。

室町時代の僧・桃源瑞仙《とうげんずいせん》（一四三〇～八九）は中国正史『史記《しき》』の解説書『史記桃源抄《とうげんしょう》』で「中岩《（巌）》」の「日本紀」から呉の太伯と日本を関連付けた箇所を引用しながら、それを否定するという論法を用いているが、桃源が実際に中巌『日本紀』を見る機会があったのか、聞き伝えに基づいて、引き合いに出すために引用を捏造したのかは不明である（原克昭・前掲書）。

「風土記逸文」という偽作

中世・近世の文献でしばしば捏造による引用がなされた文献として風土記《ふどき》（「古風土記《こ》」）がある。和銅六年（七一三）、元明天皇《げんめい》（在位七〇七〜七一五）は、諸国の国衙《こくが》（律令制下で国司が政務を行った政庁。国府）にその国の地名や産物、古老の伝承などについて調査し、文書として報告するよう命じた。

風土記はその報告書とされる文献である。しかし、それらのうち、ほぼ全文が残っているのは『出雲国風土記《いずものくに》』のみであり、『常陸《ひたち》国風土記』『播磨《はりま》国風土記』『豊後《ぶんご》国風土記』『肥前《ひぜん》国風土記』はかろうじて写本があるが一部欠落、他の諸国については散逸《さんいつ》してしまっている（完成しなかった国もあったと思われる）というありさまである。

『釈《しゃく》日本紀』（鎌倉時代の『日本書紀』注釈書）『万葉集 註釈《まんようしゅうちゅうしゃく》』（鎌倉時代の『万葉集』注釈書）などの文献から、現在では散逸している風土記の引用を集めたものがいわゆる「風土記逸文」だが、その中にも後世偽作された文が混入している可能性がある。

次にあげる例は近世のものだが、あからさまな「風土記逸文」偽作の実例である。

豊前国《ぶぜんのくに》風土記に曰《い》はく、宮処《みやこ》の郡。古、天孫、此《ここ》より発《た》ちて、日向《ひむか》の旧都に天降《あまくだ》りまし
き。蓋《けだ》し、天照大神《あまてらすおおみかみ》の神京なり。云々《うんぬん》

これは多田義俊《ただよしとし》（南嶺《なんれい》。一六九八〜一七五〇）という人物が書いた『中臣祓気吹抄《なかとみのはらえいぶきしょう》』という書物に引用された風土記逸文である。豊前国宮処郡というのは現在の福岡県京都《みやこ》郡にあたる。多田は、日本神話の舞台は豊前・豊後・筑前《ちくぜん》・筑後《ちくご》・肥前・肥後《ひご》、すなわち現在の大分県・福岡県・佐賀県・長崎県・熊本県にまたがる領域であり、アマテラスの都は文字どおり京都郡にあったと主張していた。この風土記逸文はその証拠として捏造されたものだったのである。

しかし、京都郡の名士・狭間畏三《はざまいぞう》（一八四二〜一九一二）は明治三十二年（一八九九）に京都郡が高天原《たかまのはら》だったとする『神代帝都考《じんだいていとこう》』を著して出版した。狭間は出版後も『神代帝都考』の改稿を繰り返しており、最後の増補版が出たのはその死の前年だったという（ちなみに狭間は歌手・森山良子氏の曽祖父にあたる）。

昭和十六年（一九四二）には、国文学者の新井無二郎《あらいぶじろう》（一八七五〜一九五九）が『神都高天原考』を著し、多田、狭間の説を踏襲して豊前高天原説を展開している。

狭間、新井とも多田の偽作した風土記逸文を、真正のものと信じた上で論をたてたもので

あり、結果として多田にその人生を翻弄《ほんろう》されたことになる。

兼好法師伝の成長――洞院公賢の日記『園太暦』から生じた偽文

卜部兼好《うらべけんこう》（兼好《かねよし》、吉田兼好《よしだけんこう》。一二八三？～一三五二以降？）といえば現代でこそ『徒然草《つれづれぐさ》』が代表作の隠遁者《いんとん》というイメージだが、同時代的には二条為世《にじょうためよ》（一二五〇～一三三八）門下の和歌四天王の一人に数えられた歌人であった。そして、江戸時代には、『徒然草』の作者としてばかりではなく、怪鳥を退治した豪傑で南朝の隠れた忠臣としても知られていた。

そして、この英雄としての兼好像の根拠となっていたのが『園太暦《えんたいりゃく》』断簡である。『園太暦』とは、洞院公賢《とういんきんかた》（藤原公賢。一二九一～一三六〇）の日記のことだ。公賢は、南北朝時代に南朝に心寄せながらも北朝の太政大臣《だいじょうだいじん》を務めた人物だった。『園太暦』はその全文が伝わらず、早くから欠落が生じていたという。

寛文《かんぶん》（一六六一～七三）・延宝《えんぽう》（一六七三～八一）の頃に、京都の歌人・望月長風《もちづきちょうふう》なる人物が伊賀《いが》で、兼好の墓であると明記された石碑を見つけたという話題が文人たちの間で広まり、元禄《げんろく》（一六八八～一七〇四）から享保《きょうほう》（一七一六～三六）にかけては兼好の伝記出版が相次いで、いわば兼好ブームとでもいうべき状況が生じる。そして、その長風が兼好墓発見の手掛かりに『園太暦』を用いたという風説から『園太暦』が注目されるようになり、『園太暦』を出典と称する兼好の逸話がぞくぞくと現れるようになったのである。

増補されていく『園太暦』偽文

九州大学准教授・川平敏文氏の著書『兼好法師の虚像――偽伝の近世史』（二〇〇六）によると、『園太暦』偽文の初期の例は伊賀上野《うえの》の国学者・菊岡如幻《きくおかにょげん》（一六二五〜一七〇三）が延宝《えんぽう》七年（一六七九）にまとめた地誌考証『伊水温故《いすいうんご》』の種生《たなお》村の項にあるという。そこには兼好が地元の郷士・橘成忠《たちばなのしげただ》の娘と通じた「好色ノ法師」であったことや伊賀の田井庄というところで庵《いおり》を結んで晩年を過ごしたことが記されていた。ちなみに兼好の墓という通称「兼好塚」は、三重県伊賀市種生に現存しているが、長風が発見したという兼好墓碑は現存せず、実在したかどうかも不明である。

その後、『園太暦』偽文は引用が繰り返されるごとに増補が進んでいった。その最終形態ともいうべきものが記された初期の例で年次がはっきりしたものとしては蕉門十哲《しょうもんじってつ》の一人・各務支考《かがみしこう》（一六六五〜一七三一）による『徒然草』注釈書『徒然の讃《さん》』（宝永《ほうえい》八年＝一七一一）の巻頭に置かれた「別録」という文だという。

『園太暦』偽文の最終形態における兼好の履歴は、若くして歌集の編纂で従六位下に叙せられ、宮中に現れる怪鳥を射て武名を挙げ、南朝の帝に召されて吉野《よしの》に赴き、歌人として名声を高めてからも北朝からの恩賞や招聘《しょうへい》を断り続け、伊賀に隠棲《いんせい》してからも病気になれば朝廷から医師が派遣され、没後には生前固辞していた権僧都《ごんのそうず》なる位が追贈《ついぞう》され、さらに『徒然草』などの著書が足利義満《あしかがよしみつ》（一三五八～一四〇八）に献上されたというものである。

現代の視点からすると荒唐無稽《こうとうむけい》にも見える内容だが、江戸時代にはこの『園太暦』偽文に基づいた兼好の伝記が次々と書かれ、出版されていた（たとえば閑寿『兼好諸国物語』一七〇七年、利微『兼好法師伝　奈良比野岡』一七二八年など）。

兼好は歌人として、あるいは随筆家として有名だが、その伝記に関する史料は、兼好の歌を収めた歌集の詞書《ことばがき》や、歌人でもあった僧・正徹《しょうてつ》（一三八一～一四五九）の歌論書『正徹物語』にある簡潔な記述、系図集『尊卑分脈《そんぴぶんみゃく》』の「卜部氏系図」の注記など限られたものしかない。『園太暦』偽文はその空白を埋める上で格好のものだったのである。

また、兼好は松尾芭蕉《まつおばしょう》（一六四四～九四）が敬愛していた人物であった。『園太暦』偽文はその兼好を芭蕉の出身地である伊賀と結びつけるものでもあったため、蕉門の俳人たちからも歓迎された面はあったのだろう（なお、兼好の名字を「吉田」とする通説には近年異論が出ている）。

『金史』の異本『金史別本』

「風土記逸文」偽作や『園太暦』偽文は、実在する（実在した）文献で伝来過程に生じた欠落を補完する形で捏造したものだが、一方で中世・近世にもそれこそカール・レーフラー事件のように存在しない書物からの引用という形での偽作もあった。

京都の医師・加藤謙斎《けんさい》（一六六九?～一七二四）は『医療薬方規矩《いりょうやくほうきく》』『医療手引草《てびきぐさ》』など多くの著作で当時の漢方医療に大きな足跡を残した人物である。その謙斎が享保二年（一七一七）に刊行した『鎌倉実記《かまくらじっき》』は源義経《みなもとのよしつね》（一一五九～八九）が奥州で死ぬことなく、さらに北方へと逃げ延びたことを「考証」したものである。

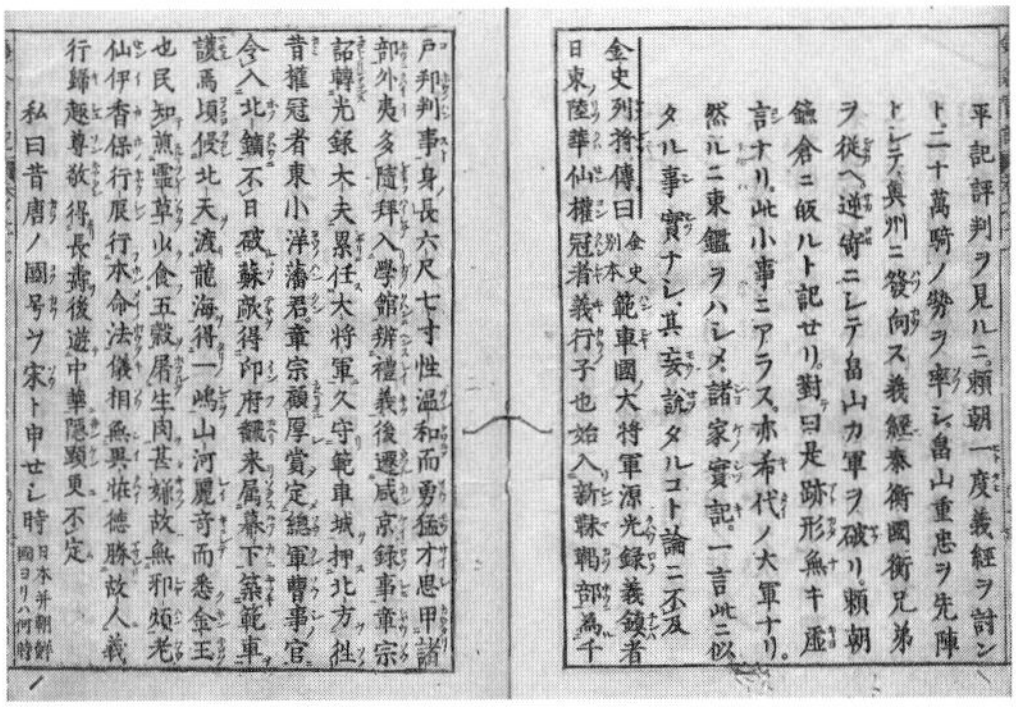
平記評判ヲ見ルニ。頼朝一度義經ヲ討ン
ト二十萬騎ノ勢ヲ率シ畠山重忠ヲ先陣
トシテ奥州ニ發向ス義經泰衡國衡兄弟
ヲ従ヘ逆衛ニシテ畠山カ軍ヲ破リ。頼朝
鎌倉ニ皈ルト記セリ。對曰是跡形無キ虚
言ナリ。此小事ニアラス。赤希代ノ大軍ナリ。
然ルニ東鑑ヲハシメ。諸家實記。一言此ニ似
タル事實ナシ。其妄説タルコト論ニ不及
金史列將傳曰 金史別本 範車國大將軍源光録義鎮者
日東陸華仙權冠者義行子也始入新韃靼部爲千
戸邦判事身長六尺七寸性温和而勇猛才思甲諸
部外夷多随拜入學館辨禮義後遷咸京録事章宗
詔韓光録大夫累任大将軍久守範車城押北方狜
昔權冠者東小洋藩君章宗襃厚賞定總軍曹事官
令入北鏞不日破蘇敵得印府銀来属幕下築範車
讓焉頃優北天渡龍海得一嶋山河麗奇而悉金王
也民知煎靈草火食五穀屠生肉甚嫌故無邪頬老
仙伊香保行辰行本命法儀相無異惟德勝故人義
行歸趨尊敬得長壽後遊中華隱顯更不定
私曰昔唐ノ國号ヲ宋ト申セシ時 日本幷朝鮮國ヨリハ何時

『鎌倉実記』巻十七に見える「金史別本（金史列将伝）」引用部分（国立公文書館蔵）

その中で謙斎は『金史別本《きんしべつほん》』なる書物を引用した。中国正史の『金史』は遊牧民・女真族《じょしん》が中国大陸北部に建てた金朝（一一一五～一二三四）の歴史で元《げん》の重臣・脱脱《トクト》（一三一四～五六）の編になるものだが、『金史別

本』はその『金史』の異本《いほん》と称されるものである。それによると、金朝から北方の抑えとして一国一城を任されるほど信認された大将軍に源義鎮という人物がいたが、その義鎮の父である権冠者義行は日本人だった。義行は後に仙人となって唐土と日本を往来したという。謙斎はこの義行こそ義経に他ならないとして、義経が大陸に渡った証拠とみなした。

弘前《ひろさき》領主・津軽《つがる》家のいわば藩史として編纂された『津軽一統志《いっとうし》』（享保《きょうほう》十六年〈一七三一〉刊行）では、奥州に入ってからの義経の行方として『鎌倉実記』の入金説を採用している。『鎌倉実記』は当時、それほど話題になった書籍だったのである。

謙斎による『金史別本』引用は後世の論者によって転写が繰り返され、小谷部全一郎《おやべぜんいちろう》（一八六八〜一九四八）の『成吉思汗《ジンギスカン》は源義経也《なり》』（一九二二）、高木彬光《たかぎあきみつ》（一九二〇〜九五）の『成吉思汗の秘密』（一九五八）などで義経＝チンギス・ハーン説の根拠にまで使われるようになった。

しかし、『鎌倉実記』が江戸の文人たちの間で話題になり始めた頃、すでに新井白石《はくせき》（一六五七〜一七二五）の著書『新安手簡《しんあんしゅかん》』、篠崎東海《しのざきとうかい》（一六八七〜一七四〇）の著書『和学弁《わがくべん》』などで『金史別本』なるものが偽書であることが論じられていた。

また、陸奥《むつ》国気仙《けせん》郡の医師・相原友直《あいはらともなお》（一七〇三〜八二）は、著書『平泉雑記《ひらいずみざっき》』で、義経の死の状況は明らかとして謙斎の『鎌倉実記』を批判したが、『金史別本』が偽書だとまではいわず、好事家の伝聞が混入した信頼できない文献だとした（菊池勇夫『義経伝説の近世的展開』二〇一六）。

そもそも『金史別本』は謙斎による引用より前に存在していた痕跡さえうかがえないのである。

なお、『金史別本』が偽書として、その偽作者が謙斎だったのか、謙斎もまた偽書に騙《だま》された被害者の一人だったのかは判然としない。NHKテレビでは、その偽作の犯人を沢田源内として、源内こそ義経＝チンギス・ハーン説を準備した張本人だったという内容の番組を放送したことがある（『歴史発見』一九九二年十月十六日放送回、書籍『歴史発見5』一九九三）。しかし、源内が『金史別本』を偽作したという明確な証拠はなく、偽作者と言えば源内という思い込みによる冤罪《えんざい》の可能性もある。

『金史別本』引用が謙斎の捏造だったとすれば、彼はまさに存在しない書物からの引用を行ってのけたというわけである。

第13章 「口伝」を装った歴史の偽造 ——「易断史料」「江戸しぐさ」ほか

「口伝」を装った歴史書——「易断史料」「富家口伝」「宇佐家伝承」「正統竹内文書」

先祖代々の口伝《くでん》、もしくは口伝をまとめた一子相伝・門外不出の文献に基づくと称して、特異な歴史を書き記した書物がある。代表的なところでは以下の例がある。

「易断《えきだん》史料」…政治運動家の窪田志一《くぼたしいち》（一九一三〜八四）が祖母より伝授されたという記録。『異端記《いたんき》』『かたいぐち記』という二つの本が残されていたという（窪田が生前、別に『茶壺記《ちゃつぼき》』という第三の本があると言っていたという伝聞証言もある）。

窪田によれば、これらの記録には、通常の歴史を覆すような記述があった。室町時代末期の薩摩《さつま》に現れた岩屋梓梁《いわやしんりょう》（弥次郎《やじろう》）という怪人物が、『古事記《こじき》』『日本書紀《にほんしょき》』『源氏物語《げんじものがたり》』などの古典を偽作して現在の日本史の原型を作る一方、武田信玄《たけだしんげん》・上杉謙信《うえすぎけんしん》・豊臣秀吉《とよとみひでよし》・徳川家《とくがわいえ》康《やす》らを実子として遺《のこ》すことでのちの日本国家の基礎を築いた。しかし、徳川幕府・明治政府は岩屋梓梁の存在を歴史上から抹殺する政策をとったため、現在、その秘密を伝えるのは窪田家だけになってしまったという内容だったという〈通常の歴史では弥次郎〈アンジロウとも〉とは、天文《てんぶん》十八年〈一五四九〉にフランシスコ・ザビエルを鹿児島に案内した戦国時代の人物である。フロイス『日本史』によれば、彼は若い頃に人を殺して、マラッカに逃げていたはずで、それが九世紀の写本〈田中本〉が残る『日本書紀』を書き、天文十一年生まれの家康の父親であったはずはないのだが……〉。

窪田は易断史料について、某所に隠したと告げて誰にも見せようとしなかった（最初から存在しなかった可能性もある）。

窪田は生前、自費出版の著書やパンフレットを多数出していた。没後にそれらの文章や遺稿をまとめた書籍として『岩屋天狗《いわやてんぐ》と千年王国』上下二巻（一九八七）がある。

「富家《とみけ》口伝」…元サンケイ新聞編集局次長でオオクニヌシ（およびその祖先のクナド大神）の直系を称していた富當雄《とみまさお》（大阪在住）という人物が先祖代々の口伝で受け継いでいたという古代出雲《いずも》王朝の歴史。家紋研究家の吉田大洋《たいよう》（一九三五〜九五）が富からの聞き書きに自身の研究を併せた著書『謎の出雲帝国――天孫一族に虐殺された出雲神族の怒り　怨念《おんねん》の日本原住史』（一九八〇、新装版二〇一八）を著すことで広く知られるようになった。吉田は富の義子となって口伝を引き継いだとされるが、富の死去後、吉田は秘伝を漏らすのをはばかるように著作を控えるようになり、結局、吉田の著書で富家口伝をテーマとしたものは一冊のみとなった（最近、遺稿の存在が明らかになった）。

近年では、富の実子という斎木雲州氏が富からの口伝を交えたという歴史読物を次々と出版している（斎木雲州『出雲と蘇我王国――大社と向家文書』二〇一二、他）。

吉田の著書が出た直後、私は富と直接面談する機会を得たことがある。威圧感ある人物ではあったが、今にして思うとその貫録は旧家の当主というよりも管理職として身に着けたもののように思われる。富の実家が出雲の旧家だというのは事実で、島根県立図書館には富家文書が保管・展示されているが、県では富家について出雲国造《こくそう》・北島《きたじま》家の分家で出雲大社の神職の一つとなった家柄であるとしている。すなわち吉田や斎木氏のいう出雲王朝直系説は否定しているわけである（斎木氏は島根県古代文化センターの担当者が自分に話を聞きに来なかったために誤った、と主張している）。

「宇佐《うさ》家伝承」…宇佐国造《くにのみやつこ》・宇佐神宮大宮司宇佐氏の直系を称した宇佐公康《きみやす》（東京出身）という人物が父から先祖代々の口伝を書き残した書として引き継いだ『口伝書《くでんしょ》』『備忘録《びぼうろく》』に書

かれていたという歴史。公康は宇佐家伝承に基づくとして『古伝が語る古代史――宇佐家伝承』（一九八七）『続・古伝が語る古代史――宇佐家伝承』（一九八九）『安徳《あんとく》天皇はすり替えられていた』（一九九〇）の三冊の著書を世に問うた。公康はそれらの著書で「宇佐家伝承」に基づくとして邪馬台国《やまたいこく》広島説や仲哀《ちゅうあい》天皇暗殺説などを説いているが、その要点は宇佐氏の系譜に関する伝承であろう。公康の著書によると、宇佐国造は神武《じんむ》天皇と宇佐の豪族の妻との間に生まれた子の子孫であり、さらに源平《げんぺい》合戦の時に宇佐神宮大宮司家では安徳天皇を守るために我が子をすりかえ、その子が平家一門と共に海底に没したのだという。つまり、公康は自分の先祖が神武天皇と安徳天皇を介して皇胤《こういん》にあたると主張していたわけである。

ちなみに公康の確認できた最後の著作は『宇宙の歴史』（一九九一）である。宇宙論・天文学の通俗書を何冊か読んでダイジェストしたような内容だが、あるいは公康は当時ブームだった宇宙起源論を「宇佐家伝承」に組み込むための準備をしていたのかもしれない。

「正統竹内文書《せいとうたけうちもんじょ》」…予備校の名物講師（日本史）として活躍した竹内睦泰《たけうちむつひろ》（一九六六〜二〇二〇）が先祖代々の口伝と称して一部公表している伝承。睦泰氏は、武内宿禰《たけうちのすくね》（景行《けいこう》から仁徳《にんとく》まで五代の天皇に仕えたという伝説上の功臣）の直系で第七十三世武内宿禰を襲名したと称していた。

歴史研究者の木村信行氏が「二つの竹内文書・茨城竹内家と正統竹内家」(『歴史と旅』一九巻七号、一九九二年五月)でその存在を発表して以降、睦泰氏も自身の著書、エッセイ、WEB動画などでその内容について言及するようになった(竹内睦泰『正統「竹内文書」の謎――古神道の秘儀と後南朝』二〇一三、他)。

睦泰氏が公表しているのは神道儀礼に関する伝承が中心で、歴史関係の異説については受験日本史と抵触しない程度に抑えられているのはさすがとしかいえない。

口伝とされている以上、「正統竹内文書」という呼び方は奇妙だが、これは偽書として有名な『竹内文書』との差別化のためにあえて用いている呼称である。

歴史に関する口伝と称されるもので現代に出現したものはおおむねマスメディアの影響を受けており、提唱者の家になんらかの伝承があったとしても伝言ゲームのような改変は避けられない。なかには本当にそのような口伝があったのか疑わしいものさえある。その場合、口伝と称するものを語った人物は、自らの先祖に仮託した歴史偽造を行ったわけで行為の内実は偽書の作成と変わりない。

ただし、文書として形になったものは厳密な史料批判を受ければ、あっさり馬脚を現すこともありうる。しかし、口伝なので文書はない、あるいは文書はあるが門外不出なので鑑定できない、という立場をとり続けるならば、その提唱者は史料批判によるリスクを避けることができるのである（明らかに史実でありえない内容であってもその過誤は先祖のせいにできる）。つまりは口伝と称する歴史叙述についてはあまり信を置かないのが無難というものだろう。

「口伝」を称する歴史叙述の成功例「江戸しぐさ」

口伝と称する歴史叙述で、現在、最大の成功例といえるものは「江戸しぐさ」である。これは「江戸商人が築き上げた、よりよく生きるルールのようなもの」（「NPO法人江戸しぐさ」が現在主唱している定義）で、江戸っ子たちの間で口伝により伝えられたものだという。「江戸しぐさ」がその名称で、新聞などのメディアによって取り上げられ始めたのは一九八〇年代からだが、二十一世紀に入ってからテレビCMで取り上げられるなどして有名となり、現在では文部科学省作成の道徳教材にまで採用されている。

「江戸しぐさ」は、芝三光《しばさんこう》（一九二八～九九）という人物が伝えたものだという。しかし、その内容は江戸時代の生活や文化ではありえないものを多く含んでいる。さらに「江戸しぐさ」が江戸時代には江戸っ子の間で当たり前に行われていたとしながら、それを現代に伝えたのが芝一人だけであることを説明するために、薩長《さっちょう》による江戸しぐさ伝承者の弾圧（江戸っ子狩り）で多くの血が流れたという荒唐《こうとう》無稽《むけい》な説明まで行われていた。

「江戸しぐさ」の成立および、それが江戸時代からの伝承でありえない根拠については拙著『江戸しぐさの正体』（二〇一四）『江戸しぐさの終焉《しゅうえん》』（二〇一六）『オカルト化する日本の教育』（二〇一八）を参照されたい。

文部官僚の道徳教材としての「江戸しぐさ」採用の後悔

「江戸しぐさ」が文部科学省作成教材に採用された当時の初等中等教育局長・前川喜平氏は後年のインタビューで次のように証言している。

「「江戸しぐさ」をまだやってるんですか！　あれはやめた方がいいですよ。江戸しぐさは、文科省が作った道徳教材の中に入れちゃったの。あれはねえ、大失敗。僕が初等中等局長のとき、下村さん（下村博文・元文科相）に言われて作った。あんなインチキなものを伝統的な道徳だって思い込んで学校の教材にしてしまったことは、悔やんでも悔やみきれないです」（ｗｅｂ論座　二〇一九年五月十一日付「親を悩ます「ＰＴＡ問題」前川喜平さんに聞いた」聞き手　堀内京子・田中聡子）

「『私たちの道徳』は読み物資料を集めた教材で、さまざまな副教材で使われていたものも詰め込んだんですが、新機軸で新しいものを入れようとして大失敗したのが「江戸しぐさ」です。

（中略）

右派政治家たちが喜ぶだろうというので、わざわざ取り入れたわけですけれど、あんなものは伝統でもなんでもない創作物だったことがあとになってわかってしまったんです。

（中略）

教育課程課です。ここが事務局になって、編集委員会のようなものを作ったんですね。私が局長でしたから責任は免れないのですが、実際には大臣と担当課の間で直接やりとりしていて、私の意向が入る余地はありませんでした。編集委員には日本会議に近いような人たち、下村さんが気に入った人たちや、専門家と称する人が多かったと思います。

（中略）

私は担当局長でしたから、その責任は免れないと思っています。一方、大臣だろうが文科省だろうが、これを使わせるという強制権限などありません。なのに下村大臣は、この『私たちの道徳』をひとりひとりの児童生徒に配り、必ず家に持って帰らせろとおっしゃって。しかも親子でそれを勉強しろとまでおっしゃっていた。つまり家庭教育にまで影響を及ぼそうとしていたんです」（集英社新書プラス　二〇一九年六月二十六日付「日本人の自覚」

を求めるとむしろヘイトを煽る　元文部科学事務次官・前川喜平氏に訊く③」聞き手　青木理）

荒唐無稽な歴史偽造が文部科学大臣の恣意《しい》的判断で教育現場に持ち込まれ、担当する官僚も権限や責任の範囲が曖昧な上、資料の正否を判断する能力を持たない。「江戸しぐさ」は図らずも現代日本の知的状況の一面を浮き彫りにしてしまったようである。

第14章

中世と近世以降の偽書の違い

中世と近世の間に偽書の性質には「断絶」がある⁉

中世から近世にいたる間に、偽書の性質に断絶ともいうべきものが生じる、と指摘する研究者がいる。

たとえば近世文学専攻の松田修《おさむ》（国文学研究資料館名誉教授。一九二七〜二〇〇四）は、中世の偽書と近世の偽書を分かつものは、個我＝人間の視点の有無だとする。「中世的偽書は、歌学書などにおいて典型的なように、流派のため、運動のためのものであるが、近世的偽書は、より個的な目的、個々の人間の内的衝動に帰するところが大きい。

近世は、中世とは違った意味で、偽書の季節であった。とくに歴史関係書ではブームの感さえある。『南朝《なんちょう》治争之事《ちそうのこと》』『南山雲錦拾要《なんざんうんきんしゅうよう》』等の『浪合記《なみあいき》』一流の書物、偽系図《にせけいず》、偽覚書、偽感状《かんじょう》の山、その典型的な例として、たとえば生涯を偽書づくりに費した京都の処士《しょし》沢田源内《さわだげんない》があるだろう。彼においては、家なり族なりの復権が目的ではなく、どこまでも個としてる」（松田修『江戸異端文学ノート』一九九三、文中『浪合記』とは伝説上の後醍醐《ごだいご》天皇皇子を中心に南朝方の視点から語る軍記物語）

　一方、東北大学教授だった佐藤弘夫氏（中世思想史専攻）は、中世の精神世界は神仏とのストレートな交感を重視する神秘主義的性格が強いものであり、それが中世的偽書の世界を支えていたとする。そして、中世的偽書の終焉《しゅうえん》を招いたものは近世における一貫した風潮としての「世俗化」であったと論じている。

「いうまでもないことだが、江戸時代にも偽書はあった。戦国時代の末から江戸時代の前期にかけて、鋳物師を始めとする職人たちの世界では彼らの営業特権を保証する偽文書《ぎもんじょ》が盛んに制作された。また、江戸時代には膨大な数の系図や由緒書が制作されていった。ただしこれは中世の偽書のように、異界からの声に基づくものではなかった。現実社会の枠内で、自己の立場と利権を正当化するために著されたものだった。文書を権威づけているのはもはや垂迹《すいじゃく》としての祖師ではなく、世俗の身分秩序の頂点に位置する天皇だった。そうした偽文書がすんなりと近世成立期の社会に受け入れられていったところに、前代以来の偽書受容の伝統の名残をみることはできても、偽書成立のメカニズムそのものはもはや中世と同じではないのである」(佐藤弘夫『偽書の精神史』二〇〇二)

中世的偽書は家や集団が他の系統・集団に優越するかを主張する手段

松田の解釈では、中世的偽書と近世的偽書の違いは、偽作の動機がなんらかの集団の運動に益するためか、個人の内的衝動の発露にあるか、というところにあるという。

佐藤氏の解釈では、中世的偽書の偽作は神仏のような世俗を超えたものの代弁としてなされたが、近世的偽書の作成動機は世俗的な理由のうちにとどまるかという。

近世の偽書の代表として松田が想定するのは歴史関係書、佐藤氏が想定するのは職人集団の特権を示す証文類だが、この解釈の違いにそれぞれの専攻分野からの視点がうかがえて興味深い。

院政期が日本の上層社会において家業・家格の固定化による秩序の形成が進んだ時代とすれば、中世はその再編が繰り返された時代、近世は徳川幕府の下でようやくその秩序が安定した時代とみなすことができる。

中世的偽書は、その再編の過程において、その作者の属する家なり集団なりが、いかに同系統の他の家や集団に優越するかを主張するためのものだったとみなすことができる。

そして、その優越を保証する権威は神仏といった超越的存在に求められた。現代人の目からは荒唐無稽《こうとうむけい》に見える神秘的主張も、その当時の社会においては多くの人に共有された世界観を反映したものだったのである。

近世の偽書は、個我(作者)と社会秩序との対決

だが、近世においては、家格などはすでに収まるべきところに収まっている。そこであえて特権を主張しようとする者は、その秩序の枠内で受容される論理を求めていくしかない。それが近世の偽書に「世俗化」をもたらしたと考えることができるだろう。

しかし、秩序が整っていればこそ、その中で自らの特権を主張しようとする者は、大なり小なりその秩序に改変を求めないわけにはいかない。それは自分が本来属している家なり集団なりが収まっている場を逸脱する願望でもある。

かくして近世の偽書は、強烈な願望を持った個我(作者)と、その人物を囲む社会の秩序全体との対決を招来する方向へと展開していったのである。『大成経』禁書事件などは、その対決が政治問題として表面化した好例だろう。

中世的偽書の多くが、作者の人物像が見えない匿名的なものであるのに対し、近世の偽書は作者の個性や願望、作風が表面に現れている。また、作者の方でも、その作品に自分の足

跡を残したがる傾向がある。椿井政隆《つばいまさたか》が、偽文書・偽絵図を作って求める者に提供するだけでなく、わざわざ手元にその控えや下書きを残したために一見、古文書コレクターの様相を呈したというのもその一例だろう。

私見では、近世の偽書に生じた、個人と社会との対決という構図は近現代においても継承されている。その具体的事例については本書後半で紹介していきたい。

II

偽書と陰謀論

第15章

偽書に力を加える「陰謀論」の存在

偽書と相性のいい陰謀論

ここでいう陰謀論とは、歴史上の事象の説明に、陰謀を持ち出すことで明確な証拠なしに議論を単純化する、あるいはなんら証拠がない主張について、証拠がないことこそ真相が隠《いん》蔽《ぺい》された証拠だなどと強弁する論法のことである。

近代史における陰謀論の典型は、アメリカ独立やフランス革命などが市民の蜂起《ほうき》によってなされたものではなく、秘密結社の計画によって起こされたものだというものである（その陰謀の主体としてはユダヤ人組織やフリーメーソンリー、イルミナティなどがよく名指しされる）。また、日本史で言えば本能寺《ほんのうじ》の変《へん》において明智光秀《あけちみつひで》の背後に黒幕を想定する、あるいは光秀は冤罪《えんざい》を被《こうむ》ったとして真犯人は隠蔽されたなどという、のも陰謀論の一種といえよう。

陰謀論と偽書は相性がいい。たとえば、特定の偽書について、陰謀論を導入することで、これこそは隠蔽された歴史の真相を記したものであり、偽書扱いされているのは陰謀がまだ続いているからだ、といった擁護論が展開できる。『竹内文書《たけうちもんじょ》』や『東日流外三郡誌《つがるそとさんぐんし》』の擁護論はほとんどがこの種の陰謀論である。「江戸しぐさ」における「江戸っ子狩り」もその典型と言えよう。

また、陰謀論それ自体を、陰謀の当事者（とされる人物や団体）に仮託した文書の体裁にすることで、その書物こそ陰謀が実在する証拠だという論を立てることもできる。この種の偽書としては本書でも紹介する『シオンの議定書《ぎていしょ》』や「田中上奏文《たなかじょうそうぶん》」が挙げられる。

韓国の民間古代史運動

韓国では、一九七〇年代後半から八〇年代にかけて、民間古代史研究家のグループが、学界を非難する運動がさかんとなったことがある。民間古代史運動は、学問的には神話上の存在とされていた檀君《だんくん》（朝鮮の国祖）とその王朝の実在を主張し、学界は歴史の真相を隠蔽していると訴えるものであった。

民間古代史運動がその主張の根拠とした『揆園史話《きえんしわ》』『檀奇古史《だんきこし》』『桓檀古記《かんだんこき》』などは二十世紀になってから書かれた偽書にすぎなかった。しかし、民間古代史運動は、それらの文献こそ日韓併合（一九一〇年）以降、日本帝国主義によって歴史から消された古代朝鮮の栄華を伝えるものとみなしたのである。

一九九〇年に制定された韓国の国定歴史教科書は民間古代史運動の主張を大きく反映したものとなった。日本で言えばさしずめ『竹内文書』に基づく教科書が作られたようなものだろうか。その後、民間古代史運動は沈静化に向かったが、その影響は今も韓国人一般の歴史観に残り続けている（野平俊水『日本人はビックリ！韓国人の日本偽史』二〇〇二、原田実『トンデモ偽史の世界』二〇〇八）。

韓国の民間古代史運動は、日本帝国主義の陰謀という主張を用いることで、当時の韓国の民衆にわだかまっていた反日感情を取り込むことに成功したわけである。

一九八〇年代に続出したアメリカの「公文書」流出

一九八〇年代のアメリカでは、「MJ－12文書」「カトラー・トワイニング・メモ」「アクエリアス文書」「クリル・ペーパー」「リア文書」「ダルシー文書」など、アメリカ政府がすでに宇宙人と接触して密約を交わしている、という内容の「公文書」流出が相次いで起きた（原田実「超常幻書目録」Spファイル友の会編『空飛ぶ円盤最後の夜に』二〇一四、所収）。その原因としては映画『未知との遭遇』『スター・ウォーズ』（一九七七）のヒットで生じた宇宙ブームもあったが、それ以上に大きな要因として、一九七二年のウォーターゲート事件や一九七五年に終結したベトナム戦争の経緯見直しを通じて、政府は国民を騙《だま》し続けていたという不信感がアメリカ社会に蔓延《まんえん》したということが挙げられる。

現在では、政府が宇宙人飛来に関する情報を隠蔽しているという話題は、いわばアメリカの神話として定着しており、議会でもしばしば情報開示を求める請求が政府に出されたり、大統領候補者が異星人関連情報の公開を公約に織り込んだりし続けている。

機密文書『アイアンマウンテン報告』の流出とその内容

アメリカにおける陰謀論関係の偽書と言えば『アイアンマウンテン報告』("The Report from Iron Mountain")という文献もあった。それは一九六〇年八月、当時は民主党大統領候補だったJ・F・ケネディ(一九一七~六三。大統領就任は一九六一年一月)のブレーンたちが、長期的な平和を実現するために安全保障問題の専門家を招集し、二年間にわたって作成した報告書だという。その研究会の場所は秘密保持のために、当時、ハドソン川のほとりに設けられていた地下核シェルターの中に置かれた。「アイアンマウンテン」というのはそのシェルターの暗号名だったという。

その内容は、次のようなものだった。すなわち、「平和」とは安定と秩序を意味するとすれば、戦争状態によってもたらされる安定と秩序もまた一つの「平和」とみなすことができる。したがって冷戦状態にある現在の体制を維持し続けることこそが恒久的平和であるとみなすことができる。

　現在の世界経済は戦争産業によって支えられており、その体制を維持するには軍事予算を確保することが必要である。そのためには戦争による支出の創出は不可欠である。戦争は国策の道具ではなく、逆に国策こそが戦争の維持と継続に捧《ささ》げられなければならない。さらにそのために国家は国民を心理的に操作し、新たな敵をつくり続けなければならない。さらに各国の政府の間でこの認識を共有し、国民を操作し続けることで戦争状態を管理することで長期的な「平和」が実現できるというのである。

　また、国家間での戦争が廃止された場合には「平和」を維持するために宇宙からの侵略の脅威を宣伝するのも有効で、アメリカでしばしば起きる「空飛ぶ円盤」騒動はそれに備えての実験だったことを示唆する記述もある。

邦訳版刊行とその余波

『アイアンマウンテン報告』が一九六七年に政府機密文書の公表という体裁で刊行された際には大きな話題となり、日本でも一九六九年に『戦争は消えない――アメリカの告白』という邦題で出版された。邦訳者は朝日新聞経済部員（当時）の氏家尚氏で、同じ年に『国際通貨――危機の解剖』という著書も出している国際経済問題の専門家だった。氏家氏によると当時、日本の外務省では『アイアンマウンテン報告』を参考資料として省内で配っていたという。

また、日本での余波として、ルポライターの赤間剛氏はこの『アイアンマウンテン報告』を根拠として、ＵＦＯ現象を、アメリカ政府を中心とする国際的組織の情報操作と軍事技術隠蔽工作から説明する書籍『ＵＦＯのすべて』（一九七九）を著した。

じつは政府報告書のパロディだった！

だが、『アイアンマウンテン報告』は作家・編集者のレナード・Ｃ・リュイン（一九一六～九九）が政府報告書のパロディとして書き上げたものだった。リュインは一九六七年当時、ベトナム戦争の泥沼にのめりこんでいたアメリカの国策を、パロディを通して批判しようとしたのである。

ところがリュインは、このパロディのために、ハーバード大学教授や駐インド大使を務めた経済学者のジョン・ケネス・ガルブレイズ（一九〇八～二〇〇六）ら多くの専門家に取材したため、結果として実際の政府報告書と見まごうような代物ができてしまった。

リュインは一九七二年に『アイアンマウンテン報告』の著者が自分だったことを発表したが、その後も本物の政府機密文書だと信じる人は後を絶たなかった。

なお、『アイアンマウンテン報告』騒動について、日本語で読める資料としては、と学会『トンデモ本1999』（一九九九年）における植木不等式氏のレポートがある。

政府の公文書に著作権はないという主張する人々は『アイアンマウンテン報告』海賊版の出版や配付を続け、リュインは終生、そうした輩《やから》と戦い続けなければならなかったのである。

これらの事例は、民衆の側に陰謀論を受け入れる空気があれば、それを取り込むことで偽書も力を持ちうるという典型である。だからこそ、偽書の流行に対しては注意し続ける必要がある。荒唐《こうとう》無稽《むけい》な内容の偽書が政治的に利用されることで災禍をもたらした例は歴史上、少なくないのである。

第16章

戦前の弾圧事件に付きまとう陰謀論
——『竹内文書』『九鬼文書』

「古史古伝」弾圧の見方

歴史的内容の偽書、とくに超古代史《ちょうこだいし》もしくは古史古伝《こしこでん》と呼ばれるものは権力から弾圧されてきた——このイメージが形成されたのは一九七〇年代のことだろう（第8章参照）。さらにいえば、それらが偽書とされてきたのは、権力者の情報操作によるものであり、そこに権力者にとって都合が悪い真実が書かれているからこそ、偽書として断罪され、弾圧をもこうむったという主張もネット上に散見される。すでに一九七〇年代において、佐治芳彦《さじよしひこ》が、当局からの弾圧を古史古伝の特徴に数えていたのは先に見たとおりである。

古史古伝弾圧の代表的な事例としては、先述の『大成経』事件の他に昭和前期における『竹《たけ》内文書《うちもんじょ》』『九鬼《くき》文書』などへの弾圧があげられる。

大正元年の竹内巨麿（『鞍馬修行実歴譚』より）

『竹内文書』は酒井勝軍の影響で、南朝から太古史へ?

『竹内文書』はもともと天津《あまつ》教という新興宗教で神宝としていた文書・文献類の総称である。

その教主・竹内巨麿《たけうちきよまろ》（一八七五?～一九六五）が茨城県多賀《たが》郡磯原《いそはら》町（現・北茨城市磯原町）で、天津教を興したのは巨麿自身の証言によると明治四十三年（一九一〇）のことである。巨麿は富山県婦負《ねい》郡神明《しんめい》村久郷《くごう》（現・富山県富山市久郷）の出身で庭田《にわた》伯爵家のご落胤《らくいん》を称していた。また、彼は南朝忠臣の末裔《まつえい》だった養父から南朝関係の宝物を引き継いだとも称し、大正時代から名士を集めて拝観させていた。

ところが昭和に入ってからその名士の中に酒井勝軍《かっとき》（一八七四～一九四〇）という人物が加わってから天津教は奇妙な発展を遂げることになる。

酒井はキリスト教伝道者であるとともに日本＝ユダヤ同祖論者であり、ユダヤ陰謀論者でもあった。酒井は、モーゼの十誡《じっかい》を刻んだ石の現物が日本にあるはずだとの信念を抱き、天津教を訪れた。巨麿が酒井の求めに応じて、モーゼの十誡石や、広島県で酒井が「発見」した世界最古のピラミッドの由来を記した「古文書」などを出してくるうちに、巨麿の宝物において南朝関係より太古史関係の比重が大きくなっていったのである。

それによって天津教は単なる新興宗教ではなく、かつて地球全土の首都として越中《えっちゅう》・久郷にあった皇祖皇太神宮《こうそこうたいじんぐう》（別名・天神人祖一神宮《てんじんじんそいちじんぐう》）を再興したものだと主張するようになった。天津教の教義では、皇祖皇太神宮では、神武《じんむ》天皇以前の太古天皇が祭主を務め、天空浮船《あめそらうきふね》という空飛ぶ乗り物に乗って全世界を巡行していたとされた。さらにモーゼや釈迦《しゃか》、孔子《こうし》、キリスト、マホメットら古代の聖賢も来日して皇祖皇太神宮で学んだとされた。ところが度重なる天変地異によって太古日本は衰微し、その歴史は忘れられていったのだという。

「古文書」や年代記の公開と活字化

巨麿は拝観者たちに、天津教が伝える真の（？）日本歴史を記した「古文書」や年代記を見せたり、その活字化を許したりするようになった。

その年代記ははるかな太古から神代文字《じんだいもじ》（漢字伝来以前の日本にあったという文字）によって書き継がれてきたが、六世紀頃に漢字仮名交じり文に翻訳され、さらに巨麿の祖先によって書写されてきたものだという。この年代記に、その他の天津教保管の「古文書」や器物の銘文などを総称したものがいわゆる『竹内文書』である。

昭和十年（一九三五）には、青森県三戸《さんのへ》郡戸来《へらい》村（現・新郷《しんごう》村）で、天津教支持者の画家・鳥谷幡山《とやばんざん》（又蔵《またぞう》。一八七六〜一九六六）によってキリストの墓が「発見」され、さらに巨麿によって天津教の古文書から新たにキリストの遺言状が見出される、という出来事が続いた。

昭和期に出現した天津教の宝物には、ヒヒイロカネという金属で作られたと称する鏡や剣、太古天皇の骨を砕いて固めたもので作られたという神像「神骨神体《しんこつしんたい》」なるものもあった。

この神宝をめぐっては、昭和五年、とある詐欺《さぎ》事件で天津教の神宝と称するものが宣伝に使われたということで巨麿と信者数人が詐欺の共犯容疑で警視庁から取り調べを受けたことがある（第一次天津教事件）。しかし、この時は警察でも明確な詐欺関与の証拠を得ることはできず、うやむやになった。

第二次天津教事件勃発

昭和十一年（一九三六）二月、特別高等警察（特高。内務省警保局管轄で思想犯などを取り締まる組織）は、天津教本部と信者宅に押し入り、巨麿と茨城県・福島県内の信者の合計五名を検挙した。

容疑は「神宮及神祠《じんぐうおよびしんし》に対する不敬」（皇室の祖先を祭る伊勢《いせ》神宮〈正式名称は「神宮」〉およ

びその他の神社の尊厳を侵した罪）であった。具体的には、天津教の教団が神宝として信者や訪問者に閲覧させていた器物（古文書と称するものを含む）が、不敬を構成するものとみなされたのである。

同年八月に水戸地方裁判所での予審《よしん》（公判に先立つ訴訟手続き）を終える頃には、被疑者は十五人にまで膨れ上がっていた。

昭和五年の警視庁による取り調べを第一次天津教事件、昭和十一年の特高による検挙と起訴を第二次天津教事件という。

第二次天津教事件で検挙された者には、巨麿や酒井、鳥谷の他に、地元・茨城県での有力支持者だった吉田兼吉《かねきち》（一八七七〜一九四八）、巨麿の実子の一人を養子として託されるほど巨麿から信任されていた高畠康次郎《たかばたけこうじろう》（康明《こうめい》、康寿《こうじゅ》などとも号する。一八七七〜一九五一）など教団を支える人物も含まれていた。

狩野亨吉による天津教古文書批判と予審敗訴

第二次天津教事件とほぼ同時期、学界でも天津教に対する批判の動きが生じた。京都帝国大学文科大学（現・京都大学文学部）初代学長を務めた碩学《せきがく》・狩野亨吉《かのうこうきち》（一八六五〜一九四二）が『思想』（岩波書店）昭和十一年六月号で発表した論文「天津教古文書の批判」である。

狩野は、第一次天津教事件より前に天津教関係者から古文書を撮影したという写真を提供されて、その鑑定を求められたがその時は断った。ところが軍部に天津教の主張を受け入れる者がいることを知り、その社会的影響に驚いてあらためて鑑定に乗り出したのである。

狩野は、違う人物の手になるはずの「古文書」でも同一人物の筆跡が見られること、「古文書」が書かれたとされる時代の官位や制度について同時代人なら犯さないような間違いがあること、文法や仮名遣いに関して明白な誤りがあること、漢字伝来以前に神代文字で書かれたという「古文書」に漢語《かんご》が混入していること、書かれたとされる時代より後世の用語や知識の混入があること、登場する人名に現代（昭和初期）の有名人の名をもじったものがあることなどを指摘し、それらの「古文書」が偽作であることを完膚なきまでに証明したのである。

狩野は、第二次天津教事件で検察側の証人として「古文書」が偽作であることを証言した。また、東京帝国大学教授で、当時における国語学の第一人者と目されていた橋本進吉（一八八二〜一九四五）も証人として、『竹内文書』において、神代文字の原文なるものとそれを漢字仮名交じりに翻訳した文書と称するものに対応関係がないこと、そもそも神代文字なるものが江戸時代以降の偽作にすぎないこと、『竹内文書』には明治十年（一八七七）に出た『上《うえ》記《つ》鈔訳《ふみしょうやく》』という本から剽窃《ひょうせつ》したと思《おぼ》しき箇所があること、などを証言した。

水戸地方裁判所は昭和十七年（一九四二）三月十六日付で巨麿に対し懲役一年、訴訟費用を全額被告（巨麿）の負担とする刑を科した。皇室の正統性を示すとされる三種《さんしゅ》の神器《じんぎ》の本物が天津教で保管しているという主張が、三種の神器の一つ「八咫鏡《やたのかがみ》」を祭るとされる伊勢神宮（三重県宇治山田市〈現・伊勢市〉）や、やはり三種の神器の一つ「天叢雲剣《あめのむらくものつるぎ》」を祭るとされる熱田《あつた》神宮（名古屋市南区〈現・熱田区〉）などへの誹謗《ひぼう》とみなされることが問題視されたのである。

大審院（最高裁判所）への上告趣意書

巨麿はさっそく控訴《こうそ》したが第二審でも敗訴（昭和十八年〈一九四三〉一月二十九日付）。裁判は大審院（最高裁判所）に持ち込まれることとなった。

当時、第二次天津教事件での弁護団には、のちに極東国際軍事裁判《きょくとうこくさいぐんじさいばん》（東京裁判）で弁護団長を務める鵜澤總明《うざわふさあき》（一八七二〜一九五五）も加わっていた。

鵜澤は昭和十九年二月十一日付で大審院に上告趣意書《じょうこく》を提出している。その中で鵜澤は『竹内文書』や御神宝の由来に関する巨麿の主張をほぼ全面的に肯定し、「大日本国ハ悠久ノ太古ニ遡《さかのぼ》リ、無限ノ後代ニ互ル（「亙ル」の誤記か）連綿尽《れんめんつ》クルトコロナキ万世一系ノ天皇之ヲ統治シ給フ天壌《てんじょう》無窮《むきゅう》ノ神国」（日本ははるかな太古から無限に続く未来まで代々続く天皇が統治する神の国）である以上、その宝物を西欧伝来の科学や学問の手法で鑑定しても限界がある、という論法を展開した。

ちなみに鵜澤は、昭和十二年六月十七日に東京赤坂で開催された「竹内古文書に関する研究座談会」で裁判の経緯について説明し、検察側の主張では神骨神体像は、人骨ではなくただの石を加工したものだと言っているが彼らは何千年もの間に人骨の燐《りん》がどのくらい減少するかの立証さえしていない、などとして「世界地図はコロンブス以後などと云《い》ふ欧米崇拝思想は断固排撃しておかなければならない」と述べている。第二次天津教事件において鵜澤は一貫して天津教シンパとしての立場を貫いていた。

また、第二次天津教事件の裁判では、鵜澤単独名義のものの他に、もう一つ、巨磨と当時の弁護団全員の名義により、昭和十九年三月十八日付で大審院に提出された上告趣意書がある。こちらでは、銅鐸《どうたく》をはじめ、当時の考古学でまだ用途や製作法が解明されていない遺跡・遺物があることから天津教の神宝も実際の遺物ではないと言い切れないこと、中国の甲骨《こうこつ》文字やメソポタミアの楔形《くさびがた》文字の他、南米インカや中米マヤなど世界各地の遺跡から新発見の古代文字が報告されている以上、古代日本に神代文字があってもおかしくはないことなど、一応は当時の考古学・言語学などを前提とした擁護論を展開している。ちなみにこの三月十八日付上告趣意書の執筆者は、弁護団の一人で、弁護士業務のかたわら、アマチュア考古学研究家としても活動していた田多井四郎治《たたいしろうじ》(一八八四〜一九七三)と思われる。

大審院は無罪の判決を下すが、弾圧理由に陰謀論が発生

昭和十九年(一九四四)、大審院はついに巨麿に対し、無罪の判決を下す。巨麿の無罪が確定してからも、『竹内文書』などの天津教の御神宝約三千点は大審院に差し押さえられたままだった。その返還交渉の最中の昭和二十年三月、東京大空襲で、それらの御神宝は大審院とともに焼失してしまった。戦後に出版された『竹内文書』テキストはいずれも戦前の刊本から「復元」されたものである。

天津教弾圧の理由について、吉田兼吉は次のように述べている。

「血盟団、五一五事件、相澤《あいざわ》中佐事件等、相次ぐ血の先例に依《よ》り、欧米文化崇拝の個人主義、自由主義、共産主義、天皇機関説《てんのうきかんせつ》等の思想に凝《こ》り固まつた一部の人々を除き、国民の多くは皇道精神に還元せんとの傾向を示した。

此《こ》の余波として、政党万能、官僚独善等の風潮は次第に凋落《ちょうらく》の一途を辿《たど》るのみであつた。此の時に当り、官僚や政党の勢力挽回《ばんかい》策としては、皇道鼓吹者《こすいしゃ》叩き潰しが考へられる。その皇道精神の根源を為《な》す竹内文献を葬る事は、時代の推進力の本城を陥落させると同一である。此の陰謀の下に、神宝文献と軍部関係を切り放さんとしたものではあるまいか」(吉田兼吉『神

宝事件の回顧』一九三九）

また、高畠康次郎は、戦後の著書『世界的宝物の失はれた実相』（一九四九）で、古代以来、日本の真の歴史を隠滅するために暗躍してきた勢力がまたも官僚たちを動かした結果が天津教弾圧だった、という陰謀論を展開した。

三浦一郎による「九鬼文書」編纂

さて、第二次天津教事件の最中の昭和十六年（一九四一）十一月、当時の政界・宗教界におけるフィクサーで太古史研究家でもあった三浦一郎（一九〇四～七五）は、九鬼隆治《たかはる》子爵（一八八六～一九八〇）からの依頼で九鬼家に伝わったとされる古記録を整理、『九鬼文書の研究』という非売品の和綴本《わとじぼん》にまとめた。

九鬼家は志摩《しま》国（現・三重県東部）領主、九鬼水軍の長として紀伊《きい》半島周辺の制海権を押さえ、織田信長《おだのぶなが》の海上戦力の要《かなめ》となった九鬼嘉隆《よしたか》（一五四二～一六〇〇）の子孫である。隆治は九鬼家について、もともとは神職の大中臣《おおなかとみ》氏だったと主張し、さらに祖先には源平合戦で活躍した熊野別当湛増《たんぞう》（一一三〇～九八）もいたとも称していた。

さらに九鬼家は江戸時代、丹波綾部《たんばあやべ》（現・京都府綾部市）の領主だった頃、鬼門《きもん》封じの御札を発行していたことがあった。京都府の亀岡市・綾部市を本拠として大正期から昭和初期にかけて急成長した新興宗教・大本《おおもと》は、艮《うしとら》の金神《こんじん》という神を主神としていたが、この神はかつて鬼門に封じられていた神だとされていた。そこで隆治は鬼門の祭祀《さいし》では九鬼家が大本に先行していたとして、大本の艮の金神は九鬼家から大本に伝わったものだとも主張していたのである。

隆治は大正九年（一九二〇）、皇道宣揚会《こうどうせんようかい》という自らの教団を興し、大本に対抗していた。大本は昭和十年、不敬罪及び治安維持法違反容疑で九百八十七名が検挙され、教団施設も破壊されるという徹底的弾圧をこうむっている。隆治はライバル不在の時期にその教勢を伸ばすため、『九鬼文書』を宣伝に用いようとしたのだろう。

しかし、隆治が三浦に提出した『九鬼文書』は、大本の教義や『竹内文書』の影響も歴然たるものだった。さらに隆治が九鬼家以外の家に伝わったとされる古記録を盗用していた疑惑も浮上し、三浦はすぐに興味を失ってしまった。

編纂者・三浦一郎の戦後の回顧

三浦は戦後になってからの著書で『九鬼文書の研究』刊行にまつわる裏話を述べている。三浦が隆治から提供された『九鬼文書』のうち、古風な体裁の物は神代文字などを記した「九鬼神宝」という一巻のみだった。その他の多数の文書はいずれもごく最近の写本ばかりだった。

隆治によると原本を書写した藤原俊秀《ふじわらとしひで》という書生が写本だけ九鬼家に残して原本を持って行ってしまった、という。

三浦は、藤原の所在を調べ、隆治と藤原を別々に昼食に招待した上で、偶然を装って両者を対面させた。そこで彼らを対決させた結果、「原本」の所在が明らかになったという。

三浦は『九鬼文書』原本発見の真相についてくわしく語ろうとはしなかった。ただ、次のように述べてお茶を濁している。

「前記『九鬼神宝』の巻は中臣氏の神事の極《ご》く一部を取扱ったもので、神代史に関するものなどは全くない。がこの巻だけは『九鬼古文書』と言える。他の史実に関する記録は『大中臣古文書』と呼ぶのが正しいと思う」（三村三郎『ユダヤ問題と裏返して見た日本歴史』（一九五〇、「三村三郎」は三浦一郎のペンネームの一つ）。

戦後の一時期、いわゆる古史古伝研究をリードした吾郷清彦《あごうきよひこ》（一九〇九〜二〇〇三）が生前の三浦から聞いた話では「大中臣古文書」とは信州の藤原俊秀宅で見つかったものだという（吾郷清彦『九鬼神伝全書――中臣神道・熊野修験道』一九八三）。

つまり、隆治は藤原が伝えていたという大中臣氏関連の古記録を預かった上で、それを九鬼家に伝わったものと称して三浦に提供したわけである。もっとも、『九鬼文書の研究』では、藤原提供の記録に基づくと思われる箇所も、聖書のノアやイエス（キリスト）と思われる人物が登場するなど荒唐無稽《こうとうむけい》な記述が多く、それ自体も近代の偽作だった可能性が高い。

「太古文献」論争

さて、昭和十八年（一九四三）七月二十六日、都内である座談会が行われた。出席者は國學院大學教授・島田春雄《しまだはるお》、元大政翼賛会東亜局長《たいせいよくさんかいとうあきょくちょう》・藤澤親雄《ふじさわちかお》、神代文化研究所理事・小寺小次郎《こでらこじろう》、そして三浦の四人である。

当初は記紀に基づく国体明徴（皇室の絶対性の尊重）を求める島田と、『竹内文書』などの太古史文献支持から「転向」したばかりの藤澤による太古史批判から始まったこの座談会は、終盤に入って三浦のつるし上げの様相を呈していった。島田はその批判の俎上《そじょう》に『九鬼文書の研究』を載せ、その内容が不敬にあたるとして三浦の責任を追及したのである。

島田がとくに重視したのは『九鬼文書の研究』所載の皇統譜では皇室の祖先がスサノオとされていることだった。島田は三浦がその皇統譜を信じているわけではないという言質《げんち》を得るや「信じないで、なぜあんなものを出したのか」と詰問し「御正系を冒瀆《ぼうとく》したら、三浦一郎は何回腹を切っても足りませんぞ」「日本の不忠の臣として道鏡、高氏（ママ）と一列に並べられた時にいい気持がなさいますか」と責め立てた（当時の常識では弓削道鏡《ゆげのどうきょう》、足利尊氏《あしかがたかうじ》は朝敵逆臣の代表格だった)。

藤澤と小寺は三浦を弁護しようとしたが、藤澤はその著書で『九鬼文書』を引いたことを島田に指摘されて沈黙し、小寺は「三浦さんは九鬼子爵とは断然交りを絶っているのですよ」として暗に島田の弾劾《だんがい》が正当なことを認める始末。座談会の終わり近くでは他の三人が落ち込む中で島田一人が「愉快々々」と上機嫌にうそぶいていた。

この座談会の内容は『公論』昭和十八年九月号において「偽史を攘ふ―太古文献論争―」という表題で掲載された。

三浦と『九鬼文書の研究』への受難はこれだけに収まらなかった。昭和十九年五月、三浦は警視庁に検挙され特高警察からの取り調べを受けたのである。三浦は同年八月八日にいったん釈放されたが、今度は兵庫県警に逮捕され、やはり特高から二か月間の取り調べを受けた。

その際、三浦が保管していた『九鬼文書の研究』在庫の大部分は警察に押収された上焼き捨てられてしまった。こうして『九鬼文書の研究』は一九八六年に復刻版が出るまで、長らく稀覯本《きこうぼん》扱いされるにいたった。

特高としては、大本を徹底的に弾圧している以上、大本の教義とよく似た内容の『九鬼文書の研究』に対しても警戒しないわけにはいかなかったのである。

天津教弾圧の理由

第二次天津教弾圧と同時期に大本など他の新興宗教への弾圧が生じていることや軍人によるクーデター事件が連発していることを考え合わせると、天津教弾圧の理由も、狩野が軍部に天津教支持者がいることについて危惧していたのと同様、民衆運動が軍部と結びつくことによるクーデター勃発・拡大の予防という国家の思惑を想定するのが妥当と思われる。

実際、第二次天津教事件第一審の判決について報じた昭和十八年（一九四三）一月分の『特高月報』（内務省警保局発行）は、天津教の主張は伊勢神宮の神聖への冒瀆であるばかりでなく「現下我国の直面せる時局にも照比し、此種《このしゅ》運動は敵側の思想謀略に乗ぜらるる虞《おそれ》なしとせざる点」があると指摘している（すなわち、日本が国際情勢で苦境に立ち、国内でもテロや未遂も含めたクーデターが頻発している中で皇室の制度に疑問を投げかけるのは、敵国から情報戦をしかけられる隙を作るだけだ、という意味）。

また、天津教教団内にも、吉田のように血盟団《けつめいだん》事件（昭和七年、右翼系テロ組織が政財界の有力者を襲撃し、二名が暗殺された事件）、五・一五事件（同年、海軍の青年将校たちがクーデターを図り当時の首相を暗殺した事件）、相沢《あいざわ》事件（昭和十年、相沢三郎《さぶろう》中佐が白昼、陸軍省内で永田鉄山《ながたてつざん》中将を斬殺した事件）などのテロを皇道主義の台頭として肯定的に評価する者がいたことは見逃せない。吉田が、第二次天津教事件を、天津教と軍部を切り離そうとする官僚や政党の陰謀とみなしたということは、彼が、自分の属する天津教が軍部と結びついて国政を左右できるような勢力となりうると考えていたということでもある。

九世紀の『倭漢惣歴帝譜図《わかんそうれきていふず》』（第1章参照）の場合は国家がその神話的起源を「正史」として定着させようとする過程で、それと異なる神話を排除しようとする事例であった。

江戸時代の『大成経《たいせいきょう》』、近現代の『竹内文書』『九鬼文書』も国家によって公認された神話と衝突したために弾圧をこうむったという面がある。『日本書紀』に基づく神話体系が定着し、それが知識層の間にも共有された（したがって「中世日本紀」のような形で新たな神話が生じにくくなった）近世以降、偽書という形で世に出た反主流的な神話は、しばしば古代の「倭漢惣歴帝譜図」をなぞるかのような難に遭ったわけである。

第17章

弾圧されたから残った？偽書
──「中山文庫」

身柄を預かった水戸藩家老家に伝わった「中居屋家の古文書」

さて、偽書の中には弾圧されたからこそ現代まで残っていたという由緒を主張するものもある。「中山《なかやま》文庫」は水戸《みと》藩家老の子孫・中山家に伝わったとされる膨大な「古文書」「古記録」、書画骨董の総称である。そのほとんどは実在した江戸時代の豪商・中居屋重兵衛《なかいやじゅうべえ》（一八二〇〜六一）とその祖先に関するものだという。

「中山文庫」が知られるようになったいきさつは、昭和六十二年（一九八七）に国立療養所栗生楽泉園園長（当時）の小林茂信氏が『中居屋重兵衛とらい』を著したことによる。小林氏は中山家から門外不出の史料を提供されたとして「中山文庫」に依拠する立論を行った。

水戸藩家老・中山家の子孫を自称する「中山文庫」所蔵者によると、重兵衛は表向き、文久《ぶんきゅう》元年（一八六一）に江戸で死んだとされているが真相は違うという。重兵衛は討幕を目論《もくろ》んでいたため、極秘に捕縛《ほばく》されて元治《げんじ》元年（一八六四）に獄死した。中居屋の家財は没収の上、水戸藩預かりになっていたため、中居屋弾圧の実行者で結果として没収品の管理責任者となっていた中山家が、「古文書」等を代々保管してきたのだという。

「中山文庫」によると、中居屋は幕末に突然勃興したわけではない。中居屋こと黒岩《くろいわ》家は上州（現・群馬県）の豪商として戦国時代から、武田信玄《しんげん》、上杉謙信《けんしん》の双方と取引していたほどの旧家だった。黒岩家そのものはキリシタンではなかったが、キリスト教とともに伝来した西洋医学を学び、医業・薬種業としても名を挙げた。宣教師ルイス・フロイスも黒岩家に薬秤《はかり》と薬瓶《びん》を寄贈したほどだ。

当時の黒岩家当主・有道《ゆうどう》はその医術をもって大勢の人を救ったため、永禄《えいろく》三年（一五六〇）、正親町《おおぎまち》天皇から長門守《ながとのかみ》に任じられた。また、救われた人々は彼を生き神様と崇《あが》め、有道生祠《せいし》という神号で祭っていた。

黒岩家の尽力で天正《てんしょう》八年（一五八〇）上州草津《くさつ》に建てられた栗生《くりう》天主堂には、豊臣秀吉《ひでよし》・大友宗麟《そうりん》・細川忠興《ただおき》・小西行長《ゆきなが》・石田三成《みつなり》・伊達政宗《だてまさむね》ら大名もぞくぞく寄進し、ローマから帰国した支倉常長《はせくらつねなが》も一時身を寄せたという。江戸時代のキリスト教禁制下にはこの天主堂が上州の隠れキリシタンの拠点となった。身分制社会の江戸時代にありながら、農本主義に基づく平等思想を説いた安藤昌益《しょうえき》（一七〇三〜六九）も、黒岩家に学んでその思想を形成したという。

中居屋重兵衛の多彩な交友と「中山文庫」

先祖から西洋医学の知識と尊皇思想を受け継いだ重兵衛は、志を同じくする多くの人と交友を結んだ。大塩平八郎《おおしおへいはちろう》、坂本龍馬《さかもとりょうま》、西郷隆盛《さいごうたかもり》、勝海舟《かつかいしゅう》、山岡鉄舟《やまおかてっしゅう》、高橋泥舟《たかはしでいしゅう》、吉田松陰《しょういん》、桂小五郎《かつらこごろう》（木戸孝允《きどたかよし》）、中山みき（天理教教祖）、洪秀全《こうしゅうぜん》（太平天国の指導者）、曾国藩《そうこくはん》（太平天国を鎮圧した清の高官）とその顔ぶれは呉越同舟、さらにその死に際しては明治天皇や福沢諭吉《ゆきち》まで追悼の書簡を寄せている……。

もうすでに設定にほころびが生じている。その死さえ秘されていた人物に追悼文が贈られるというのも妙だが、中居屋重兵衛が本当にこれだけの人脈を持っていたのなら、交友相手の側の記録に何かしら裏付けが残りそうなものだが、それが確認された例はない。そもそも、中居屋重兵衛を除き、これだけの歴史と人脈を持った一族が「中山文庫」以外の記録に現れない、ということ自体おかしいのである。

しかし、「中山文庫」は一部のキリシタン研究者（たとえば吉田元『墓紋の謎』一九九四）や、史料不足に悩む安藤昌益《あんどうしょうえき》研究者（たとえば安永寿延『安藤昌益――研究国際化時代の新検証』一九九二）などに珍重され、ＮＨＫテレビでも新史料として大きく取り上げられた（『歴史誕生』

一九九〇年七月九日放送「元禄の世に革命思想あり　安藤昌益」）。

「中山文庫」資料は現代人の偽作だった

さて、麗澤《れいたく》大学教授も務めた作家の松本健一（一九四六〜二〇一四）は著書『真贋《しんがん》——中居屋重兵衛のまぼろし』（一九九三、文庫版一九九八）において、「中山文庫」における各資料間の矛盾や用語・文体・書体・形式などの混乱を詳細に指摘し、それが現代人の偽作であることを考証した。

また、松本は水戸市に行き、水戸藩家老・中山家の直系が続いていることを確認したが、それにより、「中山文庫」所蔵者と実際の中山家直系は別人であること、実際の中山家には古文書や書画・骨董コレクションなどなかったことが判明したという。

松本の研究・調査で興味深いのは、「中山文庫」所蔵者は小さなアパート住まいであり、古文書や書画・骨董をしまっておく地所を有してないにもかかわらず、彼の手元から新史料が出現し続けているという指摘である。

文献の真贋論争では、史料の膨大さという要素は偽作説を否定する根拠として持ち出されることが多い。つまり、これほど膨大な文書を所蔵者一人が書いたとは考えられないというわけだ。

しかし、保管場所を持たないはずの人物が次々と新史料を提出し、結果として膨大な量となっている場合はどうか。その「新史料」なるものは、新しく作られては提出され続けたとしか考えられないではないか。

「中山文庫」所蔵者と対決した研究者

なお、松本と別に、国文学者で安藤昌益に関する著書もある萱沼紀子氏（元・作新学院女子短期大学教授）も、「中山文庫」が偽作である証拠をつかんでいたという。萱沼氏は昌益が生前から門弟に生き神として祭られていたという仮説を持っており、その傍証として「中山文庫」が使えないか、と考えていたのである。

萱沼氏は、「中山文庫」所蔵者のアパートを三回訪ねて面談した。

最初の会見では、中山文庫所蔵者の愚痴やホラを聞かされるだけだった。

二度目では、萱沼氏の説を聞いた所蔵者は、渡邉大濤《わたなべだいとう》（一八七九〜一九五八。昭和初期の安藤昌益研究家）もそんなことを言っていた、と言い出した。萱沼氏が「それはおかしいですね。昌益が生き神として祀《まつ》られていたなどとは、今まで誰も言った人はいないのですから。渡邉大濤だってそんなこと言っていませんよ」というと、所蔵者は話をごまかした。それで萱沼氏は相手が詐欺師であると確認した。

三度目は、安藤昌益の文書を売ると言ってきた所蔵者に、買う気はない、ときちんと伝えるための訪問だった。所蔵者はやけになったようで、その文書をただでくれた。

その文書を国文学者の高田衛氏に見せたところ、落款の朱肉の色がまだ鮮やかなのに気づいて、指で押し、別の紙にすりつけてみると、見事にその紙が染まった（二百年以上前に書かれた文書の朱が移るはずはない）。萱沼氏は大笑いしたとのことである（萱沼紀子『安藤昌益の学問と信仰』一九九六）。

なお、雑誌『歴史と旅』平成五年（一九九三）八月号の「読者ひろば」には、「中山文庫」所蔵者の投稿が掲載されている。そこには、彼が、坂本龍馬・中岡慎太郎暗殺の真相を記した書簡を所蔵している旨、誇示されていた。その頃には、もう「中山文庫」の設定でも中居屋は絶えているはずなのだが、晩年の「中山文庫」所蔵者は、もう中居屋重兵衛云々《うんぬん》の設定を気にしなくなっていたらしい。

とはいえ、弾圧した側が「古文書」等を大切に保管してきたという「中山文庫」伝来譚《たん》には、根本的に無理があったといえよう。「中山文庫」にキリシタン関係のものが含まれているということは、江戸時代には所持しているだけで御家断絶になってもおかしくないものだということである。それを守るということは何らかの共感なしにありえない。弾圧者がその相手の主張に正当性を認め、守ろうとするというのは、まずありそうにないことだからである。

第18章 「壁の中」から偽書が生まれる理由 ——「偽古文尚書」『東日流外三郡誌』

壁の中から現れた「今文尚書」

儒教の教典の一つで、太古の王から夏《か》・殷《いん》・周《しゅう》王朝までに関する伝承を記した『書経《しょきょう》』（『尚《しょう》書《しょ》』）は、秦始皇帝《しんしこうてい》（前二五九～前二一〇）による焚書坑儒《ふんしょこうじゅ》の難に遭い、いったんは消滅したという。それがふたたび世に出た経緯については、唐《とう》の孔穎達《くえいたつ》（五七四～六四八）が編纂《へんさん》した注釈書『尚書正義《せいぎ》』（『尚書注疏《ちゅうそ》』）序などにくわしい。

まず、世に出たのは秦代の学者・伏生《ふくしょう》（伏勝《ふくしょう》）がひそかに家の壁に塗りこめていたものが漢《かん》代に発見され、当時の書体に書きなおされたという「今文尚書《きんぶんしょうしょ》」であった。

さらに前漢景帝《ぜんかんけいてい》（在位前一五七～前一四一）、孔子の祖国・魯《ろ》（現・中国山東省南部《さんとう》）で、旧宅だったという屋敷が壊され、そこから多数の典籍が発見された。その中には「今文尚書」に欠けている章も含まれていた。これを「壁中古文本《へきちゅうこぶんぼん》」という。漢代には、「今文尚書」で失われた箇所を含むテキストが「壁中古文本」以外にも複数発見されたといわれる。それらは「壁中古文本」も含め「古文尚書」と総称されるが残念ながらいずれも散逸してしまった。東晋《とうしん》の初代皇帝・元帝《げんてい》(在位三一七〜三二二)の代に、梅賾《ばいさく》という学者が新たに「古文尚書」を発見したとして朝廷に献上した。それには前漢代の学者で孔子の子孫だった孔安国《こうあんこく》による注と称するものまで付されていた。孔穎達はこれを真正のものと信じ、『尚書正義』の底本に採用している。

しかし、梅賾発見というテキストについては南宋《なんそう》代の学者からその信憑性《しんぴょうせい》に疑義が寄せられ、明《みん》代・清《しん》代の学者による考証もあって、今では偽作だったことが判明している(今ではそのテキストは「偽《ぎ》古文尚書」、それに付された注は「偽孔安国伝注《でんちゅう》」と称されている)。

ちなみに唐来参和《とうらいさんな》作の黄表紙《きびょうし》(江戸時代後期の一時期に流行した絵入りの読物)『天下一面《てんかいちめん》鏡梅鉢《かがみのうめばち》』(一七八九)には、孔子が偽孔子と儒学の議論を競い合い、「壁に秘めおきし竹」を出して勝利する、という歌舞伎が演じられる様が出てくる(紙が普及する漢代より前には中華での書物は主に竹簡《ちくかん》だった)。

この本は、寛政《かんせい》の改革の道徳主義をからかう内容のもので、このままでは歌舞伎までがお堅い筋書きになるという風刺だが、このくだりが『尚書正義』序を踏まえていることは明らかだ。日本人が今よりも漢籍になじんでいた時代には、この話が庶民の読物だった黄表紙に出てきても、わかる人にはわかるという内容だったのだろう。

来歴をごまかすためのパターン

さて、この『書経』伝来に関するエピソードは、直接の影響の有無はともかくとして、のちのさまざまな偽書の由緒の先駆となっている。すなわち、旧家に隠されていた本が後世の人によって再発見される、あるいは弾圧された文献を守るために建物の中に隠していたものを世に出した、というパターンである。梅賾の「偽古文尚書」自体、『書経』伝来にまつわるエピソードが偽書の来歴をごまかすにも便利なものであったことを示している。

また、偽書が、その作者や信奉者によって、いったん隠されたものの再発見だと主張される場合、その隠匿《いんとく》の理由を説明するため、弾圧の歴史そのものを捏造《ねつぞう》してしまうこともある。「江戸しぐさ」伝来譚《たん》における「江戸っ子狩り」と同様のパターンである。

権勢ある者の弾圧とそれに抗して「真実」を守り抜いた人々という設定は、いかにも劇的で、読者が偽書を受け入れるための心理的なハードルを下げる効果もある。

織田信長の天下取りの裏面を記したという「前野家文書《まえのけもんじょ》」（第5章参照）が、愛知県の旧家の土蔵で見つかったとされるのは先述したとおりだが、その「発見」のきっかけは昭和三十四年（一九五四）九月の伊勢湾台風で土蔵が崩れたためだったとされている。「前野家文書」

についてはとくに弾圧云々《うんぬん》という話はないが、全国的に大きな被害を出した伊勢湾台風のイメージと結びつけられることで、その発見譚には劇的な効果が生じている。

『東日流外三郡誌』の書き込み

青森県北津軽《きたつがる》郡飯詰《いいづめ》村（現・五所川原《ごしょがわら》市）の和田喜八郎《きはちろう》の家で発見されたという「和田家文書」の内容については先述したとおりである。喜八郎の話では、昭和二十二〜二十三年（一九四七〜四八）頃、自宅の天井を突き破って屋根裏から落ちてきた長持《ながもち》（衣類などを入れる箱）の中から古文書がまとまって出てきたのだという。

「和田家文書」の代表的記録『東日流外三郡誌《つがるそとさんぐんし》』の冊子・巻物には、編者とされる秋田孝季《たかすえ》や書写者とされる和田末吉《すえきち》の名義で次のような書き込みがなされている。

注言一句
此《こ》の書は藩許是無《これな》く候《そうろう》。依《よっ》て是を他見に及《およぼ》しては重き罪科《ざいか》を蒙《こうむ》る也《なり》。世襲の至るまでは常に門外不出を旨と為でし。
寛政元年十月四日　秋田孝季

戒

此書《このしょ》外見禁極秘書《ごくひしょ》也

述言

毎巻にして述言せるが如《ごと》く、拙者《せっしゃ》此の書巻に身心を込めて記し、東日流《つがる》は祖々の地故《ゆえ》に一層《いっそう》力筆に耐《た》ゆるなり。たとへ此の書露見《ろけん》に及び候も、吾が老首惜みなし。依《よ》て、諸氏一族の為《ため》ならばと。

秋田孝季

＝＝＝＝＝＝＝＝＝＝＝＝＝＝

掟《おきて》之事《のこと》

秋田孝季

本巻ハ一族血縁タリトモ読写ヲ禁ズル者也。若《も》シ是ヲ犯シタル者ハ何処《どこ》ニ逐電《ちくでん》シ他領君ニ抱信隠住《いんじゅう》セルトモ刺客《しかく》是ヲ誅《ちゅう》セル者也。

右言々如件《くだんのごとし》。

＝＝＝＝＝＝＝＝＝＝＝＝＝＝

誓

一、本書は他言無用にて護り、末代に伝ふる秘と密を如何《いか》なる事態にても失ふべからず。死致とも護るべし。

一、本書は三百六十八巻なり。一書たりとも他に写す、亦《また》、口外をも禁ずるなり。常に門外不出を掟とせよ。
一、本書を読み了《おわ》りたる者は必ず血判《けっぱん》次白に施して誓を護るべし。
一、本巻を読得る者は、秋田家及び和田家耳《のみ》にして、宗家継者を以《もっ》て赦《ゆる》す。依て、本誓を心得て、末代身心こめて護り保つべし。
右の通り誓四条以《もって》如件
明治十四年七月四日　　　　和田長三郎末吉
＝＝＝＝＝＝＝＝＝＝＝＝＝＝
誓之要旨
東日流外三郡誌は、その史域無辺にして秘とさる処《ところ》、及び文献多し。依て、是を徒《いたずら》に流布をなせば世衆を騒すのみならず、今万世一系と称す今上帝の即位に在り、民挙国をして幕政を脱したる慶びに湧立てる今日、此の書はあまりにも真相にきびしくして、幕政にも日本政府にも仇書となりぬ。依て是を今しばし密として世にいだすを禁ずる者なり。
本書東日流外三郡誌は、心眼国民の身心に至るときに非《あら》ずば、罪科はもとより、民心にも反朝とぞうなさるのみならず、政府の手に依りて奪取さるるは必如なり。

（中略）

依て、民心に必ず至る誠の権利、平等、自由、民権、民政に至るまで本巻三百六十八巻を極秘に身命を賭けて諸誘に惑はず保護なしべし。右条々如件。

明治十五年十月一日

和田宗家　和田長三郎末吉

末吉長男　和田長作　同意

孝季孫　秋田三郎　書状同意

三春藩主　秋田重季《しげすえ》　書状同意

天真名井《あまない》系天内嘉之　同意

＝＝＝＝＝＝＝＝＝＝＝＝＝＝＝＝＝

つまり、寛政《かんせい》年間の人とされる秋田孝季は、『東日流外三郡誌』は津軽藩の許しが出ない内容なのでその弾圧を避けるために門外不出にせよと戒めていた、明治の人である和田末吉は、万世一系の皇統を否定する『東日流外三郡誌』の存在が明治政府に知られると弾圧されるから自由民権の代になるまで秘匿するように関係者に誓わせたというわけである。

なお、和田家文書の一部を編集した『東日流六郡誌絵巻』（編集構成・山上笙介、一九八六）に収められた「秋田次郎《じろう》橘《たちばな》孝季系譜」によると孝季は子なくして世を去ったとされており、孫がいるというのはおかしいのだが、和田家文書における孝季の履歴の矛盾はこれだけにとどまらないのでいちいちこだわってはいられない。

これらの記述は「和田家文書」が天井裏に収められていた理由を説明するためのものだったと考えられる。もっとも喜八郎が「和田家文書」を長年にわたって支持者に提供し続けている間に、その量は膨大なものとなり、長持の一つや二つで収まる容積ではなくなってしまったのはご愛敬であった。

「天井裏」はトリックの小道具

喜八郎の没後、私は、喜八郎の自宅を買い取った和田家親族の方の許可を得て、その家の調査に参加した。それでわかったことは、旧喜八郎宅の天井裏に物を隠せるような空間は存在しないということだった。

そもそも旧喜八郎宅は屋根板のない茅葺《かやぶき》屋根であった。親族の方の話では、囲炉《いろ》裏《り》を使わなくなった戦後、初めて新建材で屋根を張ったという。それでは屋根にぶら下げられたものがあったとしても、隠されることなく、幼少の頃の喜八郎は毎晩、それを見上げながら寝ていたことになる。つまりは屋根を破って長持が落ちてきたという由来譚そのものが喜八郎の創作だったのである。

壁の中や天井裏など、家屋内での居住空間以外の空間や閉じられたままの蔵などは、いうなれば封印された箱である。その中に何があるかは開けてみなければわからないし、開けてみるまでは何かを入れた箱であることさえ気づかれないかもしれない。

そして、箱の中身の来歴は、その箱が封印された状況や時期と密接な関係がある。封印された箱の中身の過去は、箱の由来が明らかにされた上で、さらに開封されることによってはじめて、遡《さかのぼ》って特定されるわけである。それを利用すれば、箱に細工することで、箱の中身の過去をすり替えるトリックも可能となる。中世歌道における鵜鷺《うさぎ》系偽書がその伝来譚に、「うさぎの箱」によるすり替えを説いているのは象徴的である。

「前野家文書」における崩れた土蔵や、『東日流外三郡誌』における天井裏は、まさにそのトリックの小道具としての箱の役割を果たしたといえよう。

第19章

日本にも上陸した史上最悪の偽書

——『シオンの議定書』

ユダヤ王国の復活と世界征服実現を目指す偽書

あらゆる偽書の中でも史上最悪といわれるもの、それが『シオンの議定書《ぎていしょ》(プロトコール)』なのは衆目が一致するところである。

それは当初、ポグロム(十九世紀末〜二十世紀初めのロシア帝国で蔓延《まんえん》したユダヤ人迫害)を正当化する文書として流布し、欧米諸国で反ユダヤ的傾向の火に油を注ぎ、やがてはナチスドイツの反ユダヤ政策の根拠に用いられて多くの人命を奪うことになった。

一八九七年、ユダヤ人国家再建運動(シオニズム)指導者のテオドール・ヘルツル(一八六〇〜一九〇四)はスイスのバーゼルで第一回シオニスト会議を招集、古代イスラエル王国があったパレスチナの地にふたたびユダヤ人国家を築くという目標を掲げた。

シオニズムの名称は、エルサレム郊外の丘の名でユダヤ人国家の象徴ともいうべきシオンに由来する。

『シオンの議定書』はその第一回シオニスト会議において読み上げられたユダヤ人賢者二十四人の議決文だという（実際には第一回シオニスム会議の全議事は公表されており秘密の議決文などが入り込む余地はなかった）。

『シオンの議定書』の内容は全二十四議定で、ユダヤ人組織が世界のマスメディアを掌握して各国でのイデオロギー闘争を煽《あお》る一方で、買収などで政治腐敗を促進し、ユダヤ人国家以外のすべての既成国家を瓦解させ、最終的にユダヤ王国の復興と世界征服の実現を成し遂げると説いている。

コーンが解明した『シオンの議定書』の歴史

ユダヤ系英国人の歴史学者ノーマン・コーン（一九一五〜二〇〇七）は著書“Warrant for Genocide”（一九七〇）で『シオンの議定書』の歴史を考証した（邦訳、内田樹訳『シオン賢者の議定書《プロトコル》――ユダヤ人世界征服陰謀の神話』一九九一）。

コーンによると『シオンの議定書』の登場は一九〇三年、ロシア・ペテルスブルグの反ユダヤ主義系新聞においてであった。その新聞に掲載された形は現行のものより短く、「短縮版」と称せられている。

一九〇五年には、ロシア近衛隊が同様の内容のものをフリーメーソンの議定書抜粋と称して刊行する。

同じ一九〇五年には、ロシアの神秘主義者セルゲイ・ニルス（一八六二〜一九二九）の著書『卑小なるものの中の偉大』第三版に『シオンの議定書』全文と称せられるものを収録した。この本は皇帝ニコライ二世（一八六八〜一九一八）や、当時のモスクワ地区大主教に献じられている。

一九一七年、『卑小なるものの中の偉大』改訂版において、『シオンの議定書』は第一回シオニスト会議（一八九七年）でテオドール・ヘルツルが提出したという由来が初めて登場する。

英訳によりロシア帝国から世界へと拡散

一九二〇年、アメリカの自動車王ヘンリー・フォード（一八六三〜一九四七）所有の新聞社で『シオンの議定書』英訳の連載が開始された。国家主義者でもあったフォードは、国家による統制を超えて活動する民族であるユダヤ人への不信感を隠そうとはしなかった。

その同じ年に、フォードは英訳『シオンの議定書』を“The International Jew: Aspects of Jewish Power in the United States”（『国際ユダヤ人──合衆国におけるユダヤ人権力の側面』）として出版した。

英訳本が現れることにより、『シオンの議定書』はロシア帝国の枠を超えて世界へと拡散していく。

英国でも、一九二〇年五月八日付『タイムズ』で『シオンの議定書』の内容に肯定的な記事が掲載された。

もっとも、この記事には『シオンの議定書』は偽書だとする批判が相次ぎ、『タイムズ』も一九二一年八月十八日付で、一九二〇年五月八日付記事を誤報とする訂正記事を掲載している。

一九二二年、フォードは、外国人としては初めてドイツのナチス党に資金援助を開始した。アドルフ・ヒトラー（一八八九〜一九四五）はフォードの英訳本で初めて「シオンの議定書」の全文を読んだという。

一九三三年三月、ドイツにおいて、ナチス党への全権委任が成立、議会政治は終焉《しゅうえん》を迎えた。これにより「シオンの議定書」はドイツの公教育にまで用いられるようになった。かくして、ナチスドイツは反ユダヤ主義を国是として、ホロコースト政策に突き進むことになるのである。

『シオンの議定書』の種本は『モンテスキューとマキャベリの地獄対話』

さて、コーンによると、『シオンの議定書』の主な種本となったのは一八六四年、フランスの弁護士、モーリス・ジョリ（一八二九～七八）がブリュッセルで出版した匿名の小冊子『モンテスキューとマキャベリの地獄対話』である。

すでに一九二一年の『タイムズ』紙上において『シオンの議定書』の種本が「地獄対話」だとの投書が掲載されていたという。さらに一九二一年八月には、『タイムズ』記者がその投書を受けて、大英図書館で「地獄対話」の内容を確認、それが『シオンの議定書』の原型に他ならないとの特集記事を書いた。先述の訂正記事はその特集の一貫として掲載されたものだった。

「地獄対話」は、フランス第二帝政皇帝ナポレオン三世（一八〇八～七三）の強圧的な政治と人気取りのうまさを風刺した内容だった。『シオンの議定書』作者は、ナポレオン三世の政権掌握の技法をユダヤ人の陰謀に置き換えたわけである。

こうして『シオンの議定書』が偽書であることは一九二〇年代初頭には判明していたのだが、『シオンの議定書』の拡散力はそのような批判など物ともしなかったのである。

シベリア出兵を通じて日本上陸

日本に『シオンの議定書』が上陸するきっかけとなったのは大正九年（一九二〇）の日本軍シベリア出兵だった。これにより、四王天延孝《しおうてんのぶたか》（のちに陸軍中将、衆議院議員。一八七九～一九六二）・安江仙弘《やすえのりひろ》（のちに陸軍大佐。一八八八～一九五〇）ら陸軍軍人がロシアでニルス版の『シオンの議定書』を入手したのである。

また、武官接待役・通訳として従軍していたキリスト教伝道家・酒井勝軍《さかいかつとき》（一八七四～一九四〇）もこのシベリア出兵で『シオンの議定書』と触れた一人であった。

四王天は戦前・戦中に反ユダヤ本を濫作《らんさく》し、ソ連のコミンテルンもアメリカのフリーメーソンもユダヤ結社だと主張した。ちなみに四王天の著書『猶太《ユダヤ》思想及《および》運動』（一九四一）は一九八七年に復刻版が出ている。

一九八〇年代後半から九〇年代前半にかけて、日本の出版界でユダヤ陰謀論ブームが生じたが、その内容はあらかたが戦前の反ユダヤ論の焼き直しだった。一九八〇年代後半～九〇年代初頭日本でのユダヤ陰謀論ブームを主導した論客・宇野正美氏もその原点としたのは『シオンの議定書』だったのである（宇野正美『旧約聖書の大予言』一九八四、他）。そのため、この時期の日本で四王天の著書までリバイバルしてしまったというわけである。ちなみにコーンの著書の邦訳はユダヤ陰謀論本と紛らわしいタイトルで、付録として『シオンの議定書』全文現代日本語訳まで収められているが、これはユダヤ陰謀論ブームの中で陰謀論批判の書籍を売り出すための苦肉の策だったのだろう。

さて、安江は大正十三年に包荒子《ほうこうし》の筆名を用い『世界革命之裏面《のりめん》』というユダヤ陰謀論本で『シオンの議定書』全文を翻訳した。酒井も同じ年に『猶太人の世界政略運動』『猶太民族の大陰謀』『世界の正体と猶太人』という反ユダヤ三部作を世に問うた。

親ユダヤに転じた安江仙弘と酒井勝軍

ところが、安江と酒井はともに昭和二年（一九二七）、パレスチナとエジプトの視察に赴き、帰国するや、親ユダヤに転じてしまった。

酒井は、日本こそ聖書に約束された神の国であるとの信念を抱き、ユダヤ民族の至宝であるモーゼの十戒《じっかい》を刻んだ石が日本にあるはずだと探し求めたあげく竹内巨麿《きよまろ》と巡り合う（久米晶文『酒井勝軍「異端」の伝道者』二〇一二）。

酒井と巨麿の邂逅《かいこう》以降、『竹内文書』にはモーゼやキリストが登場するようになり、さらに汎《はん》地球的なスケールの年代記が綴《つづ》られるようになっていくのである。

一方、安江は、一九三〇年代にはユダヤ人満洲《まんしゅう》移住作戦を指揮、ナチスドイツによってヨーロッパを追われたユダヤ人を満洲国に迎え入れるために活動した。しかし、昭和十五年に日独伊三国同盟が締結されてからは、安江は、ヒトラーの意向をうかがう軍上層部から疎《うと》まれるようになり、その年のうちに予備役に編入されている。

宇野正美氏は一九九二年以降、日本民族の起源の一つをイスラエルに求める論を展開している。戦前の酒井や安江、戦後の宇野氏と、日本＝ユダヤ同祖論を媒介としてあっさり親ユダヤ人に転向してしまう傾向があるのは、日本の反ユダヤ主義者の特徴だ。

つまりは『シオンの議定書』の計画どおりに既成国家のほとんどが滅びたとしても、日本こそ真のユダヤ民族国家であることが明らかにすることで、来るべき世界統一国家の盟主の地位は日本に転がり込むはずという発想である。

そもそもユダヤ人がユダヤ王国の復興と世界征服の実現を目指しているという『シオンの議定書』の主張こそ眉に唾《つば》すべきものなのだが、それを疑うことなく、さらに日本にとって虫がいい妄想までつけくわえる。これは、大方の日本人にとって「ユダヤ」がリアルな民族交流（衝突）の対象としてではなく抽象的な観念にとどまっているからこその現象かもしれない。

なお、『シオンの議定書』作者について特定は困難だが、ロシア帝国の秘密警察（オフラーナ）関係者が偽作や流布に関与したことは確実とみられる。ウンベルト・エーコ『プラハの墓地』（原著二〇一〇年、邦訳二〇一六年）は、『シオンの議定書』偽作のいきさつを史実とフィクションを交えて描いた小説である。

第20章

米中に利用された日本の「世界征服計画」——「田中上奏文」

「田中上奏文」の出現

「田中上奏文《たなかじょうそうぶん》」とは昭和二年（一九二七）に政府高官・軍部・外交官らが行った極秘会議の内容を、当時の首相・田中義一《ぎいち》（一八六四〜一九二九）がとりまとめて昭和天皇に建白したという文書である。中国では「田中奏摺《タナカソウジョ》」「田中奏折《ソウジョ》」、英語では“Tanaka memorial”もしくは“Tanaka memorandum”と呼ばれる（英語での呼称を翻訳した「田中メモリアル」「田中覚書」という別名もある）。その内容を端的に示すのは次の一節である。

「支那《しな》を征服せんと欲すれば、まず満蒙《まんもう》を征せざるべからず。世界を征服せんと欲すれば、必ずまづ支那を征服せざるべからず」

この文書が知られるようになったのは、一九二九年十二月、南京《ナンキン》（国民政府首都）の月刊誌『時事月報《じじげっぽう》』に「田中義一上日皇之奏章」として中国語訳が掲載されたことによる。ただし、それに先立ち、日本外務省が、中華民国の国民政府によって第三回太平洋会議（一九二九年十月二十三日〜十一月九日開催）に提出される予定の「田中義一の国策案」なるものを入手していたというが、結局その提出はなされずにうやむやとなっていた。

現在では、「田中上奏文」は中華民国の反日運動家が昭和初期の首相に仮託して書いたプロパガンダであったことがわかっており、内容的にはフィクションだったわけだが、いったん世に出た「田中上奏文」は、中国広域、とくに東北部（のちの満洲《まんしゅう》国）に流布し、反日運動の火に油を注ぐことになった。

真実性を与えた時代の流れと米プロパガンダ映画

一九三一年九月には、上海の英文雑誌“China critic”に英訳版「田中上奏文」が掲載され、次第に西欧人にも知られるようになっていく。

一九三二年、アメリカの作家ヴィクター・ラインが『*Machiavelli* of Nippon: *Japan's* plan of world conquest, willed by Emperor Meiji, developed by Premier Tanaka; “Tanaka memorial” proven genuine』（『日本のマキャベリ――明治天皇の意志の下、田中首相が立案した世界征服計画の証拠「田中上奏文」』）を著した。

これにより、アメリカでも「田中上奏文」が本物の機密文書だという認識が広まっていく。

その同じ年には、在米ジャーナリストの河上清《かわかみきよし》（一八七三〜一九四九）が、著書の中で、「田

中国語版（左）と英語版（右）の『田中上奏文』表紙（産霊舎文庫蔵）

中上奏文」は偽書であることに言及するも、そちらが注目されることはなかった。

なにより、一九三一年九月の柳条湖《りゅうじょうこ》事件（奉天《ほうてん》郊外での鉄道爆破事件を口実にした日本軍の出動）から三二年三月の満洲国建国宣言までの流れは多くの人々から「田中上奏文」が真実であることを裏付けるものとして受け止められたのである。

さらに日米開戦の翌年である一九四二年、アメリカで解説付きの「田中上奏文」全訳本が刊行された。

一九四四年、すでに一九三〇年代に三回もアカデミー監督賞をとっていた巨匠フランク・キャプラ（一八九七～一九九一）は一九四二年から四五年にかけて、アメリカの立場から日米開戦を正当化するためのプロパガンダ映画“Why We Fight”シリーズ（全七本）を監督した。そのうちの六本目で一九四四年に公開された“The Battle of China”は上映時間約六二分だったが、その、上映開始七分四〇秒ほどで「田中上奏文」英訳版が「世界征服の青写真」

「田中首相自身の著書」として登場した。

キャプラ自身が一九七一年に著した回想録によると、このシリーズにおけるキャプラの方針は、「敵の残虐性とアメリカの正当性を敵自身に証明させる」ことだったという。この方針からすれば、日本の首相がその著書で世界征服への野心を吐露しているのはじつにありがたかったわけである。中国で作成されたプロパガンダ文書が、日本を共通の敵とするアメリカによっても利用されることになった。

終戦間近の一九四五年四月には、ジェームズ・キャグニー（一八九九〜一九八六）主演の娯楽映画『東京スパイ大作戦』（"Blood on the Sun"）がアメリカで公開されている。これは、戦前の東京を舞台に「田中上奏文」原文をめぐる日米のスパイ合戦を描くものであった。

世界征服の「共同謀議」は存在しなかった

ところで、一九四五年七月に英米中三国首脳の名で日本の戦争終結条件を示したポツダム宣言の第六条には、日本国民をして「世界征服の挙に出づるの過誤」に導いた権力者の排除がうたわれている。

また、極東国際軍事法廷（東京裁判。一九四六〜四八）起訴状には、「平和に対する罪」で起訴された被告（いわゆるA級戦犯）について、中国および諸国家への戦争を準備し、日独伊による世界征服を完成させるための「共同謀議」が行われたと繰り返し書かれている。しかし、実際のところ、ポツダム宣言発布時の日本の権力者集団（そして東京裁判におけるA級戦犯たち）は、別に世界征服を目論《もくろ》んでいたわけでもそのための謀議を重ねていたわけでもない。

昭和前期における日本の軍事・外交は機会主義的であり、一貫した計画性もなければ政府・陸軍・海軍・財界などの意思疎通も怪しかった。にもかかわらず、極東軍事裁判を開廷した連合国側はそこに世界征服への共同謀議を読み取ってしまったわけである。

日本人もしくは日本国家の計画性に対する過大評価は、その四十年後にも見られた。アメリカの作家マーヴィン・J・ウルフは一九八四年に"The Japanese Conspiracy"というレポートで、日本は政財官一体となって経済力で世界を支配しようとする陰謀国家だと説いた。このレポートはその年のうちに日本でも翻訳されている（マーヴィン・J・ウルフ著・竹村健一訳『日本の陰謀――官民一体で狙う世界制覇』一九八四、文庫版一九八六）。

この本が書かれた当時の日本はまだ円高不況からバブル経済へと移行する過渡期であった。"The Japanese Conspiracy"はいわゆる偽書ではないが、その陰謀論的な日本国家のイメージは「田中上奏文」とも重なるものがある。もっとも、「田中上奏文」や"The Japanese Conspiracy"に見られるような計画性を現実の日本が有していたなら、凄惨《せいさん》な長期戦の末の敗戦や、バブル崩壊後の長期不況も避けられたかもしれない。

中国の外交官で政治家でもあった王家楨《おうかてい》（一八九九〜一九八四）は、回想録で自分が「田中上奏文」作成の中心人物だったことを認めている。その目的は、日本の軍事的脅威に対抗するため、アメリカの世論を対日強硬策、ひいては対日開戦へと誘導するためだった。なお、「田中上奏文」偽作の背景については次の論考にくわしい（志水一夫「蔓延する偽書『田中上奏文』の真相」、志水一夫『トンデモ超常レポート傑作選』〈二〇〇七〉所収。藤野七穂「日本政府は『世界征服計画書』（田中上奏文）を作成した」、ＡＳＩＯＳ・奥菜秀次・水野俊平著『検証　陰謀論はどこまで真実か』〈二〇一一〉所収）。

「田中上奏文」は杜撰《ずさん》な偽書だったが、中国・ロシア・アメリカではつい最近まで本物と信じている人がいた（あるいは今でもいる）。日本人もしくは日本国家の計画性は過大評価され続けてきたわけである。二十世紀の西欧諸国において、金融やメディアでユダヤ系の活躍が目立ったのは、差別されたユダヤ人がかつて賤業とされた金融業や新興産業だったメディアに活路を求めた結果である。また、昭和初期の日本軍が中国大陸で戦線を拡大したのは、機会主義的に利権を求めた結果である（それ自体が侵略的な愚行だったのは言うまでもない）。

しかし、その事実は結果として偽書の記述をなぞるものとなった。そのため、それらの偽作が明らかにされてからも、ユダヤ人秘密結社なり大日本帝国なりによる世界征服計画という妄想まで信じてしまう人々が後を絶たないということになったのである。

第
21
章

青年将校たちを煽動したクーデター指南書――『南淵書』

七世紀の秘書『南淵書』とは？

昭和初期は五・一五事件（昭和七年〈一九三二〉）や二・二六事件（同十一年）など軍部によるクーデターが続いた時代だった。それに先立つ大正期に現れ、クーデターの正当化に利用された『南淵書《なんえんしょ》』という偽書がある。これは思想家・権藤成卿《ごんどうせいきょう》（一八六八～一九三七）が、自分の家に伝わった古書として世に出した文献である。

皇極《こうぎょく》天皇四年（六四五）、中大兄皇子《なかのおおえのみこ》（のちの天智《てんじ》天皇）と中臣鎌子《なかとみのかまこ》（のちの藤原鎌足《ふじわらのかまたり》）は、宮中で大臣《おおおみ》・蘇我入鹿《そがのいるか》を暗殺し、蘇我本宗家《ほんそうけ》を滅ぼした。いわゆる乙巳《いっし》の変《へん》だが、この二人が、かつて学問僧の「南淵《なんえん》先生」（小野妹子《おののいもこ》らと隋《ずい》に渡った南淵漢人請安《みなみぶちのあやひとしょうあん》か）の下で共に肩を並べて学んだことは『日本書紀《にほんしょき》』にも明記されている。『南淵書』は鎌子の手による「南淵先生」の講義録だという。

人祖（人類の祖先）が現れたのは北溟《ほくめい》（北の彼方《かなた》の海もしくは砂漠）であった。最初に民に農耕を広め、衣食住を整えたり、舟を作って交易を始めたりした英雄を、民は敬って「素王《そおう》」と呼んだ。すなわちスサノオである。

素王の七代の子孫・オオナムチは韓国では桓因《かんいん》（朝鮮国祖・檀君《だんくん》の祖父）、インドでは提桓《だいかん》因《いん》（帝釈天《たいしゃくてん》の別名）、漢《かん》では軒轅《けんえん》（中華の国祖・黄帝《こうてい》の別名）と呼ばれた。

しかし、治世がうまくいくようになると怠惰《たいだ》で贅沢《ぜいたく》に溺れる者も出てくるようになる。日本では橿原《かしはら》天皇（神武《じんむ》）が武力を振るって社稷《しゃしょく》（権藤の用語では自治の単位となる共同体の意味）を立て直したが、その間にも中国大陸や朝鮮半島は乱れ、多くの国が並び立つようになった。

高麗《こうらい》（高句麗《こうくり》）の永楽大王《えいらくだいおう》*（**広開土王**《こうかいどおう》。在位三九一～四一二）は、朝鮮半島にいた秦《しん》族を迫害した。大鷦鷯《おおさざき》天皇（仁徳《にんとく》天皇。『日本書紀』によると在位三一三～三九九）は秦族救援の兵を送って高麗と対峙《たいじ》した。永楽大王は日本の兵が強壮で屈しないことを知り、和睦《わぼく》を申し出た。

わが国は和睦を受け入れたが、それ以降も朝鮮半島の混乱は続いている。さらにはわが国の中にも蘇我氏という社稷をないがしろにして国を乱すものが現れてしまった。

「南淵先生」はそれまでの歴史の流れをそのように説き、中大兄皇子に蘇我氏への制裁を促したというのである。

＊高句麗の第19代目の王。使用したとされる年号から永楽大王とも呼ばれる。朝鮮半島南部では倭国と、北方では華北や満洲の勢力と戦って高句麗の勢力圏を広げたことから「広開土王」と呼ばれる。

大地社版『南淵書』全３巻（昭和７年〈1932〉刊。産霊舎文庫蔵）

権藤が摂政宮皇太子に献上、五・一五事件勃発で話題に

大正十一年（一九二二）五日月、権藤は公爵・一条実《いちじょうさね》輝《てる》（一八六六〜一九二四）の仲介を得て、摂政宮《せっしょうのみや》皇太子（のちの昭和天皇）に『南淵書』を献上した。

『東京朝日新聞』大正十一年七月十二日付朝刊ではこれを「政道の秘書を献上す・一条公の手を経て摂政宮へ・老儒《ろうじゅ》が命懸《いのちがけ》で・考証した民本主義の経典」と報じた。

ちなみに「民本主義」とは大正時代におけるdemocracy（民主主義、民主制）の訳語で、いわゆる大正デモクラシーのスローガンであった。

また、この時期にはその「快挙」に合わせて『南淵書』の刊本も出版された。ところが権藤の期待に反して『南淵書』献上は大きな話題とならず、その刊本も歴史学界から長らく黙殺されていた（河野有理『偽史の政治学』二〇一六）。

ところが昭和七年（一九三二）五月十五日、海軍青年将校が決起して犬養毅《いぬかいつよし》首相を殺害した五・一五事件を機に『南淵書』への世間の注目が集まり始める。事件に関する新聞報道などを通じて、青年将校運動の指導者たちの間では権藤の著書や『南淵書』が読まれていてい たことが知られるようになったからである。

昭和八年、東京帝国大学文学部国史学科主任教授で当時の史学の権威だった黒板勝美《くろいたかつみ》（一八七四～一九四六）に、一学生が『南淵書』への意見を求め、黒板が偽書だと即断したことがきっかけで、権藤と歴史学界との対決が始まった。雑誌『歴史公論』は昭和八年四月号で『南淵書』は本物だとする権藤の談話を掲載し、その次の五月号で「問題の南淵書批判」という特集を組んで歴史学者たちの論考を掲載し、論争を盛り上げようとした。

広開土王碑文の全文掲載が学問的な致命傷となる

もっとも、学問的には、論争の決着はあっけなくついた。現在の中華人民共和国吉林省《きつりん》集安《しゅうあん》に広開土王の功績を記念し、四一四年に建てられた有名な碑文がある。現在では、長年にわたって碑文の拓本がとられたことによる磨耗や石の風化のため、読めなくなった箇所がある。ところが南淵先生は全文が読める時期にその写しをとっていたという。『南淵書』には南淵先生が読み上げた碑文の全文が収められている。

永楽大王が倭《わ》の屈せざるを知り、和睦を求めた、というのはその引用された碑文に出てくる記事である（現状の碑文ではそのような記事はなく、高句麗側の倭に対する一方的な勝利しか読み取れない)。

　ところが、現存の広開土王碑には、石碑の角の損傷でまるまる一行分欠けた箇所がある。『南淵書』での引用が、本当に全文が残っている時代に写したものなら、その一行が記されているはずである。ところがそれは『南淵書』の引用に含まれておらず、その一行なしで前後がつながるような文面となっていた。このことから『南淵書』の広開土王碑文引用が近代の拓本から捏造《ねつぞう》されたことは明らかだった。こうして『南淵書』真偽問題は、歴史学界からは、広開土王碑文研究史の一小話として決着をつけられてしまった(原田実「偽史列伝7・好太王碑文と『南淵書』」『季刊邪馬台国』六一号、一九九七年二月)。

『南淵書』執筆の動機とその後の再評価

　権藤は、『日本書紀』に記された蘇我入鹿の専横を、当時の政府と重ね合わせ、乙巳の変のようなクーデターを指嗾《しそう》(人に指図してそそのかすこと)するために『南淵書』を書いたものと思われる。

　五・一五事件の後、昭和十一年(一九三六)に陸軍青年将校が官庁を占拠し、高橋是清《これきよ》大蔵大臣や斎藤実《まこと》内大臣ら高官や警察官を殺害した二・二六事件の関係者の間でも権藤の著書や『南淵書』は読まれていた。『南淵書』がクーデター指南の書であった以上、それを真に受けて実行しようとする者が出ることは避けられなかった。

さて、権藤の人脈は、黒龍会《こくりゅうかい》などの右翼結社とも結びついていた。同時代的には、権藤は、北一輝《きたいっき》（一八八三～一九三七）、井上日召《にっしょう》（一八八六～一九六七）や橘孝三郎《たちばなこうざぶろう》（一八九三～一九七四）らと同様、青年将校運動に影響を与えた右翼思想家の一人だったのである。

しかし、社稷による自治を皇室に優先させるという権藤の発想は、右翼思想の枠に収まらないものでもあった。東京朝日新聞の見出しで『南淵書』が「民本主義の経典」とされたのはそのためだろう。

さらに戦後しばらくたつと今度は左翼の側から権藤の再評価が始まる。一九七七年、権藤名義の著書『自治民政理《じちみんせいり》』（一九三六）と『訓訳《くんやく》・南淵書』（一九三二）の合冊が出版されているが、その版元になったのはアナキズム系団体の黒色戦線社だった。二〇一九年、保守系の出版社、展転社から権藤成卿研究会編『権藤成卿の君民共和論』という新刊が出ている。権藤は左右双方の急進派の間では決して忘れ去られた思想家ではないのである。

右翼にしろ左翼にしろ、急進的な社会変革を求める人々にとって、素朴な共同体への回帰を説き、クーデターを肯定する権藤の思想は心地よいものとして心に響くのだろう。『南淵書』はクーデター指南書として今なお危険な、そしてそれゆえに魅力的な偽書であり続けている（なお、権藤は『南淵書』偽作を終生認めることはなかった）。

第22章

名士が集まった昭和の偽書顕彰運動

――『富士宮下文書』

『富士宮下文書』の内容と開封

『富士宮下文書《ふじみやしたもんじょ》』とは、富士北麓にかつて存在したという阿祖山太神宮《あそやまだいじんぐう》にまつわる古記録・古文書の総称である。そこには、神代の富士高天原《たかまのはら》とその後継である阿祖山太神宮の繁栄、平安時代の富士山大噴火による凋落《ちょうらく》、富士に置かれた南朝のもう一つの本陣とその顚末《てんまつ》などについて記されていたという。

『富士宮下文書』は阿祖山太神宮の大宮司の子孫という宮下家に代々伝わってきたものとされている。とはいえ、阿祖山太神宮なるものの存在を記した史料が『富士宮下文書』しかない以上、宮下家がその宮司家だったという根拠も『富士宮下文書』に求めるしかないということになる。

明治十六年（一八八三）もしくは明治二十年頃、現・山梨県富士吉田市大明見《おおあすみ》在住の宮下源兵衛《げんべえ》（宮下元太夫義興《げんだゆうよしおき》とも号す。幼名・長太郎）は自宅の屋根裏に封印されていた箱を開封した。

源兵衛によると、その箱は文久《ぶんきゅう》三年（一八六三）に宮下家の屋敷が全焼した際、家宝の一部を納めて運び出したものだったという。その火災で宮下家の宝物・記録の多くが失われた。箱の中身は火難を逃れた古文書・古記録だったというわけである。

『富士宮下文書』出現のいきさつは典型的な「壁（箱）の中の本」のパターンとして語られている。ここからはその「古文書」「古記録」に基づいての来歴を記していこう。

『富士宮下文書』の来歴

はるかな昔、大陸（中国?）で文明の基礎を築いた神々の祖は蓬萊山《ほうらいさん》（富士山）を目標に海を渡り、その地を開拓して神都・高天原を築いた（『富士宮下文書』は一方で、富士山において人類そのものが発祥したという異説も伝える）。

その富士高天原に鎮座したのが阿祖山太神宮である。阿祖山太神宮は富士高天原ゆかりの神々を祀《まつ》る神社の総称であり、神武天皇の御世には七廟《びょう》の元宮《もとみや》に摂社《せっしゃ》二百五十社、末社《まっしゃ》三百五十社を含む広大な神域を領していたという。

天皇家の祖にあたる神々（神皇《じんのう》）はやがて富士から九州に遷都したが、即位に際しては富士高天原の神都に行幸し、そこに安置されている三品《さんぴん》の大御宝《おおみたから》（三種の神器）を奉じるのがしきたりとされていた。しかし、神武天皇が九州から大和《やまと》に遷都した後に、大和でも神器のレプリカが作られ、以後、天皇は富士に帰らずともそのレプリカを用いて即位できるようになった。

神々の歴史は象形文字（神代文字）で書かれて阿祖山太神宮に保管されていた。孝霊《こうれい》天皇の御世に秦《しん》から渡来した徐福《じょふく》は富士でその記録を閲覧し、秦字《しんじ》（漢字）に書き改めて後世に伝えた。

応神《おうじん》天皇の子である大山守皇子《おおやまもりのみこ》と隼別皇子《はやぶさわけ》は富士に派遣されて阿祖山太神宮の大宮司と中宮司に就任した（記紀では共に反乱者として仁徳《にんとく》天皇に討たれたとされている）。彼らこそ阿祖山太神宮宮司家としての宮下家の祖であるとされる。

ただし、大山守皇子を初代として宮下家第四十九代にあたる宮下源太夫義仁《げんだゆうよしひと》は三浦家から入った養子のため、それ以降の宮下家は鎌倉幕府の有力御家人だった三浦氏と同族ということになる。

秋元氏の虐政から守るため屋根裏に括りつける

ちなみに一般に流布している系譜では、三浦氏は平良文《たいらのよしふみ》（八八六?～九五三?）から出た桓武《かんむ》平氏とされるが、『富士宮下文書』では源《みなもとの》頼義《よりよし》（九八八？〜一〇七五？）から出た源氏（陽成《ようぜい》源氏）とされている。つまり『富士宮下文書』の三浦氏に関する所伝は他の史料と食い違うが、古代・中世の名族について『富士宮下文書』が特異な系譜を伝えている例は三浦氏に限らない。また、三浦氏を桓武平氏とする系譜そのものが鎌倉時代に台頭して以降に作られたものと思われる（高橋秀樹『三浦一族の中世』二〇一五）。ここでは『富士宮下文書』は特異な系譜を伝える傾向があるということだけ押さえておこう。

宮下家は代々、その古記録を書写・保管してきたが南北朝時代には、南朝の歴代天皇や親王たちを守護したため、のちに室町幕府の弾圧に遭い、多くの古文書が焼き捨てられた。さらに江戸時代には庄屋として一揆《いっき》の先頭に立ったことから領主・秋元喬知《あきもとたかとも》（一六四九〜一七一四）に古文書や宝物を焼かれるばかりか、当時の宮下家当主が斬首されるなどの弾圧を受けた。

そこで宮下家では一族協議の上、喬知の虐政《ぎゃくせい》から古文書・古記録を守るためにそれらを一括して箱に納め、家の屋根裏に括《くく》りつけておいたのである。源兵衛が開けたのはその箱だった、というわけである。

『富士宮下文書』を開封した源兵衛が最初に行ったことは宮下家の氏神である福地八幡社《ふじはちまん》（現・山梨県富士吉田市下吉田）の顕彰運動と親族が神官を務める小室浅間《こむろせんげん》神社（現・山梨県富

士吉田市大明見）などの社格昇進運動だったという。『富士宮下文書』の所伝では、小室浅間神社は阿祖山太神宮の中核を成していた神社であり、福地八幡社は富士に居を構えた大山守皇子と隼別皇子が、祖母・神功皇后《じんぐう》と父・応神天皇を祭った日本最初の八幡宮だったのである。

『神皇紀』の刊行と財団法人・富士文庫の設立

大正十年（一九二一）、神学者の三輪義熙《みわよしひろ》（一八六七〜一九三三）は『富士宮下文書』を神代史中心にダイジェストした『神皇紀《じんのうき》』を著した。この書籍は当時、評判を呼び、東京日日新聞・時事新報・大阪毎日新聞（現・毎日新聞）、万朝報《よろず》、国民新聞・都新聞（現・東京新聞）、読売新聞、中央新聞（立憲政友会機関紙）、東京朝日新聞・大阪朝日新聞（現・朝日新聞）、報知新聞、東京毎夕新聞、新愛知新聞（現・中日新聞）、山梨日日新聞、山梨民友新聞、『日本及日本人』『大日本』『日本魂』『大観』『国本』『解放』『彗星《すいせい》』などの新聞雑誌が好意的な記事や書評を掲載したという。神話の合理的解釈を求める当時の知識層は、神々のふるまいを人間の事蹟として解釈する『富士宮下文書』に魅力を感じたのである。

大正十一年（一九二二）、三輪は財団法人富士文庫を設立し、自らはその理事長に就任した。その理事には、宮下源兵衛と神原信一郎《かんばらしんいちろう》（一八八二〜一九四五。東京電灯会社の技術者。八ツ橋《やはし》発電所の猿橋水路《さるはしすいろ》橋など多くの水力発電施設の設計に携わる）を任命した。
三輪と神原は共にその在位さえ不確かな長慶《ちょうけい》天皇（一三四三〜九四。大正十五年に在位認定）の事績探索から宮下家にたどり着いた。
また、神原は『富士宮下文書』の富士山噴火記録を考証し、一部の地誌についてその正確さを認めてもいた（この点は後述）。
富士文庫はさらに多くの名士を迎えて発足した。その主だった顔ぶれを挙げてみよう。

顧問／大島健一（陸軍中将、のちに陸軍大臣）、河島譲一郎（法学博士）、筧克彦《かけいかつひこ》（法学博士、憲法学の権威）、小藤文次郎《ことうぶんじろう》（理学博士、日本地学の父）、斎藤実《さいとうまこと》（海軍大将子爵、元朝鮮総督、のちに内閣総理大臣）、高山公通《きみみち》（陸軍中将、元関東都督府参謀長・独立守備隊司令官）、富谷《とみたに》鉎太郎《そうたろう》（法学博士、明治大学総長・勅選貴族院議員）、野村素介《もとすけ》（男爵、維新の功労者）、古市《ふるいち》公威《こうい》（工学博士男爵、日本近代工学の父）、松村任三《じんぞう》（理学博士、東京帝国大学教授・小石川植物園初代園長）……

評議員／内藤多仲《たちゅう》（工学博士、耐震構造の父）、平林武《ひらばやしたけし》（工学博士、鉱床学の大家）、前田實（医学博士）、山崎鶴《やまざきつる》之助《のすけ》（海軍機関少将）……

だが、この名士たちの中にプロフェッショナルな歴史学者は一人も含まれていない。富士文庫の目的が『富士宮下文書』の学術的認知を求めることだったとすれば、その船出はすでに多難なものだった。さらに関東大震災で富士文庫事務所が全焼したばかりか『神皇紀』の紙型（印刷用の紙の鋳型）が焼失したこともあり、富士文庫の活動は機関誌『富士文庫』第一巻（一九二六）を出しただけで事実上終息した。その後、長らく『富士宮下文書』は雌伏《しふく》の日々を送ることになる。

第23章 戦後の古代史ブームとともに「再評価」

——『富士宮下文書』

邪馬台国ブームと『富士宮下文書』のリバイバル

一九六〇年代末に生じた邪馬台国《やまたいこく》ブームは、埋もれた「古代史」文献の再評価につながった。保守派の論客としても有名だった文芸評論家・林房雄《はやしふさお》（一九〇三〜七五）は一九七一年の著書『神武《じんむ》天皇実在論』で『上記《うえつふみ》』とともに『神皇紀《じんのうき》』を大きく取り上げ、「縄文時代約七千年の考古学的年代があるかぎり、全編を偽書と断じ去ることはできない」とした。林は『富士宮下文書』における富士高天原《たかまのはら》を縄文文化の王国と解釈し、その王権と現在まで続く天皇家との間に連続性を認めようとしたのである。

それと同時期、戦前から『神皇紀』に基づいて『富士宮下文書』を研究してきたという鈴木貞一《ていいち》（一八九七〜一九八〇）が『先古代日本の謎』（一九七二）、『日本古代文書の謎』（一九七二）、『超古代王朝の発見』（一九七三）を続けざまに著すことで『富士宮下文書』は新たな層からの関心を集めるようになった。
北海道大学教授・成城《せいじょう》大学教授を歴任した佐伯有清《さえきありきよ》（一九二五〜二〇〇五）は『富士宮下文書』を偽書と断じた上で、この一九七〇年代初頭における『富士宮下文書』リバイバルについて「『魏志《ぎし》』倭人伝《わじんでん》への軽視ないし無視」への動きの一環と解し、次のように警告した。「いまや邪馬台国研究は重大な曲り角に立っているといってよい。ここに邪馬台国研究の正しいあり方を、もう一度その研究史をふりかえって見いだす必要があるゆえんである」（佐伯有清『研究史戦後の邪馬台国』一九七二）
言い換えると、『富士宮下文書』リバイバルは、当時の碩学《せきがく》をして、これほどの危機意識を抱かせるものだったわけである。

『富士宮下文書』を独自に解釈した『日本の宇宙人遺跡』と『倭と王朝』

一九七〇年代半ばには『富士宮下文書』に独自の解釈をほどこすことで一部の熱狂的な支持を集めた二つの書籍があった。
「前衛科学評論家」なる肩書の武内裕氏による『日本の宇宙人遺跡』（一九七六）と弁護士を本業とする鹿島曻《かしまのぼる》（一九二六〜二〇〇一）の『倭と王朝』（一九七八）である。
武内氏は、富士山を超古代文明が築いたピラミッドの名残とみなし、富士高天原とは超古代文明人の末裔《まつえい》である縄文人の都市だったとした。富士高天原を縄文文化と結びつける点で武内氏の説は林と共通しているが、武内氏は天皇家の祖先を外来の侵略者とみなし、縄文文化を滅ぼした存在とみなす点で林と対立していた。

鹿島は、日本の天皇家の起源は百済《くだら》の亡命政権だったとして、記紀の皇統譜は百済・新羅《しらぎ》・加羅《から》の王家の系譜を合成し、日本列島の歴史であるかのように書き換えたものだという説を唱えていた。そして『富士宮下文書』の富士高天原の所在は、現在の日本の富士山麓ではなく朝鮮の王統の原郷だったと主張した。鹿島は自説の普及のために新國民社《しんこくみんしゃ》などの出版社を自ら立ち上げてもいた。

武内氏も鹿島もそれぞれの説の傍証には『富士宮下文書』ばかりではなく『上記』『竹内文書』『東日流外三郡誌《つがるそとさんぐんし》』などをも用いており、古代史ブームの中で新奇な説を求めていた層を、いわゆる「古史古伝《こしこでん》」へと導く上で大きな影響を与えた。

『神皇紀』の復刻と『神伝富士古文献大成』の刊行

昭和五十七年(一九八二)、鹿島曻による『神皇紀』の復刻が行われた。名目上の版元「日本国書刊行会」の会長には自由民主党所属の衆議院議員・中山正暉氏(のちに郵政大臣・建設大臣等)が就任した。

鹿島による復刻版『神皇紀』には、中山氏と斎藤滋与史《さいとうしげよし》（一九一八〜二〇一八。元静岡県知事、当時・建設大臣）が推薦文を寄稿した。また、復刻版発売に先立って昭和五十六年二月十二日に帝国ホテルで開催された「神皇紀出版記念会」でのスピーチで、中山氏は「ユダヤ人が希望の丘と言っておりますシオンの丘、このシオンというのが日本の祇園《ぎおん》」などと日本＝ユダヤ同祖論に基づく日本古代史の試論を展開していた（『歴史と現代』第二巻第一号、一九八一年四月）。

一九八八年、現存する「古文書」「古記録」のすべてを影印版（写真）にした『神伝富士古文献大成』が八幡書店より刊行された。いわゆる「古史古伝」系統の偽書で、現存するテキスト全文の状況が影印版で確認できるのは『富士宮下文書』のみである。

また、二〇一一年、『現代語訳　神皇紀』が神奈川徐福研究会神皇紀刊行部会より発行されたがその序文を寄せたのは元総理大臣で当時衆議院議員だった羽田孜《はたつとむ》（一九三五〜二〇一七）であった。

阿祖山太神宮を「不二阿祖山太神宮」として再興

さて、二〇一〇年代には『富士宮下文書』をめぐって新たな展開が生じる。二〇一二年、山梨県都留《つる》市所在の宗教法人・阿住の会（二〇〇九年設立）が「不二阿祖山太神宮」と改名し、

『富士宮下文書』に基づく阿祖山太神宮の再興を宣言したのである。二〇一五年十月に山梨で「不二阿祖山太神宮」関連イベント「FUJISAN地球フェスタWA2015」が開催され、八幡書店社主・武田崇元氏とオカルト雑誌『ムー』編集長・三上丈晴氏が参加した富士高天原セミナーは、一部のオカルトファンから注目された。

その二年後の二〇一七年十月に熊本で開催された「FUJISAN地球フェスタWA2017」では、安倍昭恵首相夫人を名誉顧問として石破茂氏、谷垣禎一氏ら国会議員約七十名（自民党の他、公明党、維新、民進党含む）が顧問に参加した（現在、同教団のHPでは安倍昭恵夫人の名は削除されている）。さらにこのイベントは内閣府・経済産業省・厚生労働省・農林水産省・文部科学省・観光庁・総務省・外務省・環境省・防衛省・消防庁および九州・関東・東海各地の自治体が後援しており、さながら政界・官界挙げての応援という趣もあった。『富士宮下文書』についてはこれほどの名士を集めながらも、『竹内文書』などと違って官権の弾圧を被《こうむ》った事実はない（一九八〇年代、鹿島曻・佐治芳彦らが、富士文庫の活動停止は「偽史シンジケート」による『富士宮下文書』つぶしのための陰謀だったと主張したこともあるが、その証拠は一切なく、憶測にすぎないと思われる）。

『富士宮下文書』の魅力はエウヘメリズム的要素

『富士宮下文書』で注目されるべきは戦前の富士文庫以来、戦後においても幾度となく名士たちを惹《ひ》きつけてきた魅力だろう。

その謎を解く鍵となるのは『神皇紀』が出版された時のメディアの賞賛である。『富士文庫』第一巻に転載された書評・記事の一部を引用しよう。

『万朝報《よろずちょうほう》』「而《しか》も此《こ》の書の特色とする所は少しも神怪不思議の記事なく科学的である」

『都新聞』「系図及び地図を以《もっ》て事細かに明記されて居《お》る。余《よ》は氏の多年の労を多とし其《その》精神に敬意を表する」

『大阪朝日新聞』「八百万《やおよろず》の神の名から地図にいたるまでなかなか綿密に研究している」

『山梨民友新聞』「本書は神代の事蹟が詳細的確に眼の前に展開せらるるのである。一読一聞何人と雖《いえど》も其大事実に驚かぬ者はない」

『大日本』「従来我が国の神代史は動《やや》もすれば神秘的神話的に伝へられたものであるが事実として存在し歴々《れきれき》掌《たなごころ》を指すが如《ごと》くに明《あきらか》にせられ一事一項と雖ども荒誕無稽《こうたんむけい》の跡がない実に驚くべき発見研究である」

『日本魂』「我が神代を伝ふる文献が貧弱であつた否模糊《いなもこ》として捕捉しかたかつた。然《しか》るに今此神皇紀によつて千古の謎は解けんとしつつある」『彗星《すいせい》』「徐福伝《じょふくでん》なるものも後世の偽作であると云《い》ふ議論を有する人間があるかも知れないが果《はた》して後世の偽作であるならば古事記が模範で古事記以上に神怪振りを発揮したものであらねばならぬのに反対に極めて非神話的なることが偽作に非《あら》ざる心証になる」『大日本』「仮に此の富士古文書が偽作としたならば何人が如何《いか》なる目的を以て如何なる才能と知識と想像力とを以て偽構したものであるか推察も及ばぬと同時に地理学上地質学上考古学上の調査の結果がピッタリと古文書の内容と符号一致するに至つては寧《むし》ろ却《かえっ》て其奇に驚かざるを得ぬのである」

以上、多くのメディアが『神皇紀』(ひいては『富士宮下文書』)における神々のふるまいが具体的な人間の事蹟として記されており、神話的な粉飾がないことを讃《たた》えている。

紀元前四〜三世紀頃の古代ギリシャにいた哲学者エウヘメロスは、ギリシャの神々は古代の王や英雄の神格化であり、神話とは彼らの事蹟が物語化したものにすぎないという寓話《ぐうわ》を残した。これにより神話は実在の人物に関する物語に基づくという考え方は後世、エウヘメリズムと呼ばれるようになる。エウヘメリズムは、キリスト教の布教に際し、『聖書』の神以外の神々が昔の人間にすぎないという形で異教への非難に使われてきた。ところが、近代に入り、西欧でも『聖書』の記述に懐疑の目が向けられるようになると、『聖書』の奇跡は自然現象として説明しうるという形でエウヘメリズム的思考がキリスト教に対し、擁護のために適応されるようになった（たとえばノアの方舟《はこぶね》に関する『創世記《そうせいき》』の記述をメソポタミア地方での実際の洪水と結びつけるなど）。

『富士宮下文書』における神話の叙述は、記紀を下敷きにしながら、いったんそれにエウヘメリズム的な解釈をほどこしたものである。そして、その要素が、天皇家および、その起源説話としての記紀神話の神聖を認めながら、神話に対する近代的な懐疑からも逃れられない人々に、神話を実在の人物の事蹟として解釈するための指針を与えたわけである。ここで、『富士宮下文書』に魅入られた人々の中では、『富士宮下文書』の解釈の方が記紀神話の原型に見えてしまうという転倒が生じる。

『富士宮下文書』が近現代日本において保守的な価値観を持つ名士を惹きつけてきた主な理由は、このエウヘメリズム的要素にあるといえよう。さらに『富士宮下文書』には「古文書」としての権威や、富士山信仰と結びついての有り難さなどの要素も加わっている。

神原もあきれた『富士宮下文書』の偽文書・偽書の存在

さて、『富士宮下文書』の記述が地質学的に正しいという指摘についてはどのように考えるべきなのか。

『富士宮下文書』に地質学的裏付けを与えたとされる神原も、その中に多数の偽文書が含まれていることを認めていた。昭和十三年（一九三八）十月十日、神原は「富士古文書の自然科学的研究」と題した講演を行っているが、その中で彼は次のように述べている。

「宮下記録は原本ではなく写《うつし》で真実を多分に伝へて居《お》り、しかも偽書を混《まじ》へて居《お》る。それから宮下文書の中には狭い意味の文書が若干あります。即《すなわ》ち綸旨《りんじ》、令旨《りょうじ》、往復文書、遺墨といふやうなものが少しあるが、其《それ》は全部偽書であります。三輪氏はどういふものか主にその偽書を当局に提示して居つたのであります。其故《そのゆえ》偽書として相手にされなかつたのも当然であります」（神原信一郎「富士古文書の自然科学的研究」『神日本』昭和十三年十二月号）

神原が当時の宮下家当主に著書を贈ったところ、後から出てきた記録に神原の仮説と合わせた古代地理の記述があったという。これには神原もあきれてしまった。

それでも神原が『富士宮下文書』は「真実を多分に伝へて」いるとみなしていたのは、神原が宮下家と接触を持つ前に出てきた記録に、延暦《えんりゃく》の大噴火で地中に埋もれたという「大田《おおた》川《がわ》」という河川が出てきたからだ。神原は富士山麓の地質学的調査に基づき、猿橋《さるはし》方面の溶岩の下に、富士五湖のひとつである西湖《さいこ》から河口湖《かわぐちこ》付近を通って桂川《かつらがわ》にいたる地下水路があるという説を唱えていた。そこで、この「大田川」をその地下水路の前身とみなしたのである。

しかし、神原が『富士宮下文書』の「大田川」について地質学的に正しいと認めたのは、今から百年も前だ。その後、地質学も進歩すれば富士山に関するデータも蓄積している。『富士宮下文書』の記録を現在の地質学的データに照らし合わせれば、どうなるだろう。

崩壊した『富士宮下文書』の地質学的根拠

元東大地震研究所助教授・つじよしのぶ（都司嘉宣）氏は四つの点で『富士宮下文書』の延暦の大噴火関係の記述は信用できないという。

1 『富士宮下文書』での噴火の日付は延暦十九年四月八日〜九日となっているが、正史『日《に》本後紀《ほんこうき》』が伝える噴火開始の日付は延暦十九年三月十四日である。

2 『富士宮下文書』は噴火前の東海道は富士北麓を通っていたとあるが、これでは駿河《するが》国を通っている道がいったん甲斐《かい》国へ入って大回りすることになり、官道としては不自然である。

3 正史『日本後紀』などによれば富士北麓に溶岩が噴出したのは貞観《じょうがん》の大噴火（八六四年）であって延暦の大噴火ではない。

4 『富士宮下文書』は猿橋方面の溶岩を延暦の大噴火の時のものとしているが、これは実際には今から一万年〜八千年前の古富士時代の噴火によるものであることが判明している。

以上から、つじ氏は、この「延暦の大噴火」の記述は後世の偽作、空想の産物だったとみなしている（つじよしのぶ『富士山の噴火――万葉集から現代まで』一九九二）。

神原の考証にとって、この猿橋溶岩の件はとくに致命的だ。なぜなら、猿橋溶岩が延暦の大噴火の産物でなかったとすれば、『富士宮下文書』の「大田川」を猿橋溶岩の下の地下水路の前身とする神原の主張そのものが成り立たなくなるからだ。

『富士宮下文書』は河口湖の形成を延暦の大噴火と関連付けているが、東京都立大学名誉教授の町田洋氏によると、河口湖の形成はそのように新しい時代のことではなく、やはり古富士時代のことであったことが判明している（町田洋『火山灰は語る』一九九七）。

宇宙湖と延暦の大噴火は存在しなかった！

また、『富士宮下文書』によると、富士五湖の山中湖《やまなかこ》と、忍野《おしの》村の湧水群（忍野八海《はっかい》）はもともと一つの湖（宇宙湖《うずこ》）だったのが、延暦の大噴火で分かれたという。

ところが二〇〇三年十一月二十三日付『山梨日日新聞』によると、山梨県環境科学研究所・

山梨県衛生公害研究所などの合同チームが忍野村でボーリング調査を行ったところ、すでに約九千年前、忍野八海の前身となる湖と山中湖とは別々の湖であったことがわかった。つまり、この調査により、山中湖と忍野八海と延暦年間まで一つの湖であった可能性はまったくないことが確認されたのである。

静岡大学教授の小山真人氏は『神皇紀』などの二次資料からではなく、『富士宮下文書』影印版から延暦の大噴火に関する記録を拾い出して、それを現在の地質学で判明している事実と照合した。

その結果、次の五項目は、明らかに誤りと判断できる記述に属するという。

Ⅰ　宇宙湖という湖が溶岩流によって二つの湖に分かれた。

Ⅱ　大田川が溶岩流にせき止められ、新しい湖ができた。

Ⅲ　大月市《おおつき》猿橋付近まで溶岩流が流れた。

Ⅳ　富士《ふじ》市大淵《おおぶち》付近まで溶岩流が流れた。

Ⅴ　小山町《おやまちょう》竹之下《たけのした》付近まで溶岩流が流れた。

以上から、小山氏は「残念ながら現時点において『宮下文書』の噴火記述の信頼性は相当低いものと言わざるをえない」「『宮下文書』の噴火記述には、大幅な誇張や明らかな誤りが多数含まれている」と結論付けている（小山真人「富士山延暦噴火の謎と『宮下文書』」『別冊歴史読本　徹底検証古史古伝と偽書の謎』二〇〇四年三月）。

『富士宮下文書』の延暦の大噴火関係記事は、現代の地質学によって完膚なきまでに否定されてしまった。これは神原の地質学的考証なるものがもはや無効になってしまったことを意味する。

『富士宮下文書』とはなんだったのか？

結局、『富士宮下文書』とはなんだったのだろうか。その手掛かりとなるのは、宮下源兵衛《げんべえ》が「古文書」があると言い出した当初、彼が行ったのが福地《ふじ》八幡社や小室浅間《こむろせんげん》神社などの宣伝だったことである。

藤原明氏は宮下家での「古文書」偽作は源兵衛の代に突然始まったわけではなく数代前まで遡《さかのぼ》るだろうとして、その当初の目的は「入会《いりあい》権などをめぐる土地問題」とかかわるものだったと推測した（藤原明「物語的偽書『富士文献』の重層構造」『別冊歴史読本特別増刊　「古史古伝」論争』一九九三年七月。入会権とは村落の住人が山林などを共同利用するための権利）。

さらに藤原氏は、その後の論文において宮下家の「古文書」偽作の原点は、他の村落との間の水利権争いに用いるための偽文書だったという仮説を提示した（藤原明「近代の偽書――〝超古代史〟から「近代偽撰国史」へ」、久野俊彦・時枝務編『偽文書学入門』二〇〇四、所収）。

すでに「椿井《つばい》文書」などとの関連で述べたように「古文書」は前近代において、登記書類と同様の効果を持つことがあった。入会権にしろ、水利権にしろ、村落の既得権を主張するために、その地域の神社の神域を実際より広く、社伝を実際より古く偽ろうとするうちに歯止めが利かなくなり、壮大な物語ができあがるというのはありそうなことである。

阿祖山太神宮も富士高天原も、その存在を主張するのは『富士宮下文書』の記述のみである。それが近代の偽書と判明した今、それらの実在の証拠は皆無といってよい。

結局、「不二阿祖山太神宮」という教団は、再興を称しながらも、歴史上、一度も実在したことがない神殿を新たに作ってしまったわけである。

また、「不二阿祖山太神宮」関連のイベントを支持した政治家や官庁は、結果として偽史に対する判断の甘さを露呈することになった。

第24章

オウム真理教の教義は偽書の寄せ集めだった

地下鉄サリン事件とオウム真理教

一九九五年三月二十日午前八時頃、東京の地下鉄日比谷線・丸ノ内線・千代田線で猛毒サリンが使用され、死亡者計十二人、受傷者ほぼ三千八百人という多数の被害者を出した。この地下鉄サリン事件との関連でクローズアップされたのが、それ以前から奇行でメディアを騒がせていた教団・オウム真理教だった。

さらに、強制捜査を通じて、それまでオウム真理教の関与がささやかれながらその犯行と断定することが困難だったさまざまな犯罪も彼らの犯行であることが判明していった。その中には、地下鉄サリン事件に先立つ一九九四年六月二十七日、長野県松本市で死亡者八人、受傷者六百人を出したばかりか、冤罪《えんざい》まで生じた松本サリン事件も含まれていた。

それら一連の犯罪をめぐる公判の過程では、オウム真理教の教祖・麻原彰晃《あさはらしょうこう》（一九五五～二〇一八）が、国家転覆を視野に入れた教団武装化を目論《もくろ》んでおり、サリン製造はその計画の一環だったことや、天皇・皇太子暗殺や東京都民大量殺戮《さつりく》を含むさまざまなテロを計画したことがあることも明らかにされた。

開教当時は偽史運動だった——ヒヒイロカネ・酒井勝軍の予言

九五年から九六年にかけてのオウム真理教関連報道でクローズアップされたのは、この教団の教義がオカルト雑誌などでおなじみの要素の寄せ集めであることだった。それらオカルト要素の中でも、とくに開教当時のオウム真理教に大きな影響を与えたものの一つに『竹内文書』がある。

麻原は、一九八五年、オウムの会代表・麻原彰晃として、オカルト雑誌『ムー』の読者投稿欄に「実践ヨガ」を連続掲載する一方、同誌の同年十一月号（第六〇号）には、やはり麻原彰晃の名で記事「幻の超古代金属ヒヒイロカネは実在した⁉」を発表した。

ヒヒイロカネとは、『竹内文書』に出てくる金属の一種である。竹内巨麿《きよまろ》のブレーンの一人だった酒井勝軍《かつとき》は、このヒヒイロカネについて、鉄に似ているが決して錆《さ》びることがない神秘金属であると主張していた。

また、酒井は、ヒヒイロカネは、岩手県釜石市の河原で採れる「餅鉄《べいてつ》」という鉄鉱石と類似しているとしながらも、結局は似て非なるものだとも説いていた（酒井のヒヒイロカネ論と

『竹内文書』の関係についてはＡＳＩＯＳ『謎解き超常現象Ⅲ』二〇一二、所収の藤野七穂氏の論考にくわしい）。

麻原は、『ムー』の記事において、この酒井の説を踏まえた上で、『竹内文書』に基づき、太古の地球上に日本を中心として高度な文化があったことを説明する。

そして、その文化は超能力によって支えられたものだとし、その超能力の源泉こそ、謎の金属ヒヒイロカネであったと強弁する。かくして麻原は、かつてヒヒイロカネを探索したという酒井の足跡をたどり、ついに岩手県釜石市は五葉山《ごようさん》の一角でヒヒイロカネの現物を見出したというのである。

また、麻原はそこで酒井の隠された予言を知ったという。その内容は次のとおりである。

「・第二次世界大戦が勃発し、日本は負ける。しかし、戦後の経済回復は早く、高度成長期がくる。日本は、世界一の工業国となる。

・ユダヤは絶えない民族で、いつかは自分たちの国を持つだろう。

・今世紀末、ハルマゲドンが起こる。生き残るのは、慈悲深い神仙民族（修行の結果、超能力を得た人）だ。指導者は日本から出現するが、今の天皇と違う」

麻原は、さらにヒヒイロカネによる超能力増幅でハルマゲドン後の光景まで霊視することができたという。この記事にはご丁寧にも、ヒヒイロカネ・プレゼントの応募方法まで明記されている。

この記事を見る限り、開教当初のオウムは八幡書店《はちまんしょてん》の書籍やその広告の影響を受けた偽史運動だったと考えざるを得ない（八幡書店は一九八二年設立の出版社。創業初期の主力商品のひとつに、『竹内文書』テキストや酒井勝軍編集の雑誌『神秘の日本』の復刻版があり、その広告においては真実の歴史として宣伝されていた。また、ヒトラー側近の回想という触れ込みでヒトラー＝オカルティスト説の典拠となったヘルマン・ラウシュニング『永遠なるヒトラー』の邦訳も出している）。この記事に現れた「酒井勝軍の予言」は麻原の著書『滅亡の日』（一九八八）でも取り上げられている。

麻原言うところの、酒井の隠された予言なるものはマユツバ物である。過激な天皇主義者であった酒井にとって、日本が戦争に負けるだの、天皇以外の指導者が立つなどということは口が裂けても言えなかっただろう。実際、酒井が晩年まで編纂《へんさん》していた雑誌『神秘之日本』には、この予言なるものと対応する記述は見られない。

それに「神仙民族」などという語彙《ごい》も酒井勝軍の著作にはまったく見られないものである。ちなみに、この記事が『ムー』に掲載された翌年の一九八六年、「オウムの会」は「オウム神仙の会」と名を改めて再発足している。

ちなみに麻原が「ヒヒイロカネ」とみなしたものは単なる餅鉄だったと思われる。まさに酒井の言うところのヒヒイロカネと似て非なるものである。

『竹内文書』の解釈から正統概念を酒井勝軍に仮託

さて、『竹内文書』はもともと強烈な天皇崇拝のテキストである。しかし、前述のように、特高警察による弾圧について、すでに戦時中、その理由を官憲の陰謀に求める説が天津教関係者によって説かれていた。

『竹内文書』は、仏教のような外来勢力による天皇家の真の歴史の隠滅《いんめつ》に備え、ひそかに隠されてきた文献だとの由来を持っている。つまり、『竹内文書』が記紀と異質なのは、記紀の方が外来勢力によって改竄《かいざん》された歴史だからだというストーリーを内在している。

一九七〇年代、武内裕氏は『日本のピラミッド』（一九七五）『日本の宇宙人遺跡』『日本のキリスト伝説』（一九七六）といういわゆる超古代史三部作において、『竹内文書』『富士宮下文書』『上記《うえつふみ》』などに描かれた神武以前の王朝は、天皇家を含む外来勢力の侵略で滅ぼされた先住民（縄文人）の王権であり、それらの文献がアカデミズムに黙殺されたり弾圧されたりしたのは、天皇制国家による縄文人王権抹殺の陰謀だった、という説を展開した。

この超古代史三部作は版元が当時、オカルト本の大手だった大陸書房だったということもあって多くの読者を獲得した。さらに、この『竹内文書』解釈を引き継いだ佐治芳彦《さじよしひこ》著『謎の竹内文書――日本は世界の支配者だった！』『謎の神代文字――消された超古代の日本古史古伝のロマン』（一九七九）がベストセラーになることで『竹内文書』の超古代王朝論は天皇制国家と対立するというイメージが定着することになる。

麻原が言うところの酒井勝軍の予言なるものは、七〇年代以降の『竹内文書』解釈から導かれた「今の天皇と違う」正統の王という概念を、昭和初期に遡《さかのぼ》って酒井に仮託したものと思われる。

教団武装化の時期に導入された、ノストラダムスと偽書

また、オウム真理教の教義には終末予言の要素もある。麻原は教団武装化にあたって一九七〇年代以降に流行した終末論を持ち出し、限られた時間で人類を救済に導くには強硬手段も必要だと信者たちを説得していたという。酒井勝軍の予言なるものもそうした終末予言の要素から導きだされたものである。

それについて麻原（およびその教義を受け入れた信者たち）にもっとも大きな影響を与えたのは「迫りくる一九九九年七の月、人類滅亡の日」というサブタイトルで二百万部を超えるベストセラーとなった五島勉《ごとうべん》『ノストラダムスの大予言』だろう。オウム真理教では、五島の人類滅亡予言説の典拠となったフランスのカレンダー業者ミシェル・ド・ノートルダム（一

五〇三〜六六) の予言書なるものの古い版本を購入して自分たちで翻訳を試みていた(山本弘『トンデモ ノストラダムス本の世界』一九九八、『トンデモ大予言の後始末』二〇〇〇)。

『竹内文書』自体にも予言的要素はある。たとえばイエス・キリストが来日して書いたという「イスキリスクリスマス遺言」という文書には「千九百三十五年」にキリストの霊が再生し、天下は乱れるが天皇によって統一されて天国が実現するという。ちなみに竹内巨麿が青森県戸来《へらい》村(現・新郷《しんごう》村)でキリストの墓を発見したと言い出し、その遺言なるものを出したのは昭和十年、すなわち西暦一九三五年である。

オウム真理教と天津教の「天下再統一の御神勅」

また、神武《じんむ》以前の太古天皇にアマテラスが下したという「天下再統一の御神勅」といわれる文書や、『旧約聖書』の預言者モーゼが来日して記したという「モーゼの遺言」という文書には、皇祖皇太神宮《こうそこうたいじんぐう》に股に世界地図の図紋がある神主が現れた時、天皇によって世界は再統一され、神主はその統一を補佐することが記されている。巨麿の尻には世界地図に見える痣《あざ》があったと伝えられており、世界再統一を行う天皇と神主として昭和天皇と巨麿が想定されていたことは明らかである。

オウム真理教は自衛隊員の勧誘に熱心だったが、天津教は軍人の間にも多くの支持者を得ており、『竹内文書』の予言的要素が青年将校運動と結びつけば、クーデターの根拠として用いられる可能性もあった。

麻原は、その『竹内文書』に内在していた体制との矛盾をほぼ半世紀ぶりに発掘して利用したともいいうるだろう（『竹内文書』の予言についてくわしくは原田実「皇祖皇太神宮と『竹内文献』――災厄後に実現する天皇の世界再統一」『別冊歴史読本特別増刊　予言されたハルマゲドン』一九九五年七月、参照）。

麻原がオウム真理教の教義に導入したと思われる偽書は『竹内文書』ばかりではない。麻原が繰り返し述べていたユダヤ陰謀論的言説には『シオンの議定書』の影響がうかがえるし、彼が教団本部を富士山麓に建てることにこだわったのは『富士宮下文書』の影響によるものだろう。偽書のつぎはぎという空疎な構造がオウム真理教の妄想を支えていたのである。

偽書と予言の親和性

ちなみに予言書の記述が事実と的中するには大きく二つのパターンがある。
①過去に成立していた予言書の記述を、すでに起きている事件とこじつけていく。
②すでに起きている事件と合わせて予言書を偽作する。
ノストラダムス（ノートルダム）の予言書が的中したと評されているのは①のパターンだが、

第二次大戦中のドイツでは、ナチスの台頭とナチス・ドイツの勝利を予言した文言を偽作、挿入したテキストが発行された例もあるという。

『竹内文書』の予言は②のパターンである。もっとも、的中しているのは股に世界地図の図紋がある神主（つまり巨麿自身）が現れるというところまでで、成立した時点では未来に属する世界再統一は、現実にはなされなかったことは明らかだ。②のパターンの存在は偽書と予言との親和性を示すものでもある。

つまりは予言なるものが的中したとされるのは常に過去のことであって、それらの記述をいかに積み重ねても、その予言書が未来のことまで言い当てている保証にはなりえないのである。

未来に関する予言書の解釈なり作成なりというのは、未来の歴史を捏造《ねつぞう》して、その予言書が書かれた（もしくは書かれたとされる）時代という過去に繰り込む行為である。偽書と予言の親和性は、その歴史の捏造という本質の共有によるものなのである。

第25章

現代の偽書、フェイクニュース

「永田メール事件」の顚末

二〇〇六年二月の衆議院予算委員会において野党・民主党所属の国会議員だった永田寿康《ながたひさやす》（一九六九〜二〇〇九）は、当時、粉飾決算が問題となっていた企業・株式会社ライブドアの経営者から当時の自民党幹事長に多額の金品が贈られたとして、その疑惑を追及しようとした。この時期は長期政権だった小泉内閣（二〇〇一〜〇六）にも、ライブドア事件も含め、暗雲が生じていた。そのため、野党側でも首相を任期満了前に辞任に追い込める可能性に士気が高まっていたのである。

ところが、永田が金品贈与の証拠として公表したライブドア社内メールなるものは杜撰《ずさん》な偽作だった。永田は、それを精査せずに国会に提出した責任について言を左右していたが三月になってからの記者会見で謝罪した。結局、この問題は当時の民主党の党首・幹事長辞任へと発展し、小泉政権は安泰、政治生命を絶たれた永田は三年後に自死するに至る。

世に「永田メール事件」と呼ばれた騒動の顚末《てんまつ》である。永田に偽作メールのコピーを持ち込んだジャーナリストは、それ以前から虚偽の記事を書いては当事者から訴えられるということを繰り返した人物であり、永田メール事件の後には別件の詐欺《さぎ》罪で逮捕された。

インターネットの影響力の増大とフェイクニュースの問題化

さて、政治も含む現代社会におけるインターネットの影響力の増大に関して、重要な問題となってきたのがフェイクニュースである。

前近代においては洋の東西を問わず、世を騒がす流言飛語《りゅうげんひご》（根拠のない噂話《うわさ》）は国家による取り締まりの対象となった（もっとも何をもって流言飛語とするかを判断するのも国家であったから、取り締まられたもののなかには機密漏洩《ろうえい》した事実も含まれていたかもしれない）。

近代以降のマスメディアは、その報道内容の真実について発信元が責任を持つという方針をとった。マスメディアの発達によって正規に報道されたニュースは、流言飛語ではないとの建前が社会に共有されたわけである。

とはいえ、マスメディアの中にも、英米のタブロイド紙や日本のいわゆるスポーツ新聞などのように怪しげな話をあえてとりまぜるメディアは存在し続けたし、大手メディアにおいても誤報の混入は避けがたい問題である。さらに国家の政策や企業の営利、イデオロギー的目的に基づく情報操作のため、マスメディアが不正確な情報の拡散に利用されることも珍しいことではない。

ニュースを装ったフィクション——『宇宙戦争』と『第三の選択』の放送

また、情報操作目的とは別に、マスメディアが意図的に事実と異なる内容をニュースの形式で発信することもある。それはニュースを装ってのフィクションである。その中でもとくに有名な事例としては一九三八年十月三十日、アメリカのラジオで放送されたラジオ番組"*The War of the Worlds*"(『宇宙戦争』)がある。H・G・ウェルズ(一八六六〜一九四六)原作、オーソン・ウェルズ(一九一五〜八五)演出で火星人による地球侵略を描いたこのドラマは臨時ニュースの形式で放送されたため、全米各地で多くの人がパニックに陥った(ハドリー・キャントリル『火星からの侵略——パニックの心理学的研究』二〇一七、原著初版一九四〇)。

あくまでフィクション(もしくはジョーク)だったにもかかわらず、多くの人から事実の報道と受け取られ、いまだに影響力を持っているフェイクドキュメンタリーとしてはアメリカの"Alternative 3"(『第三の選択』)とフランスのニュースを装っての"Opération Lune"(英題"Dark Side of the Moon")が挙げられる。

"Alternative 3"は一九七七年六月二十日にイギリスで放映されたテレビ番組である。その内容は、地球温暖化で近い将来、人類が地球に住めなくなると予測したアメリカとソ連の政府は共同で人類火星移住政策を進めており、すでに月面に中継基地まで作られているというものであった。さらにその計画に携わっていた科学者の遺品のテープには火星の地表の様子が撮影されており生物らしきものまで映っていたという。

ちなみに本来の放送予定日は同年四月一日で番組のEDクレジットはその日付になっている。また、そのクレジットには配役表も含まれており、そこには番組中で科学者や政府関係者を演じた俳優たちの名がきちんと記されている。

"Opération Lune"は二〇〇二年十月十六日にフランスで放送されたテレビ番組で二〇〇四年四月一日に再放送された。実在のアメリカ宇宙飛行士や、一九七〇年代にアメリカ国務長官を務めたヘンリー・キッシンジャーや国防長官を務めたドナルド・ラムズフェルド氏ら要人たちの証言を集め、アポロ11号の月面着陸映像は映画監督スタンリー・キューブリック(一九二八~九九)が地上のスタジオで撮ったものでアポロ計画での月面有人着陸はすべて捏造《ねつぞう》だったという内容である(実際には有名人たちの証言映像はアポロ計画と無関係のものの編集で、登場する証人には俳優が演じる架空の人物も織り交ぜられていた)。

日本においても"Alternative 3"は一九八二年一月二十一日に『米ソ宇宙開博の陰謀——人類移送計画が極秘裏に進められている』として日本テレビ系で放送された。その日本放送版ではクレジットで四月一日の日付が出てくる箇所や配役表はカットされていた（志水一夫『UFOの嘘――マスコミ報道はどこまで本当か？』一九九〇）。

“Opération Lune”も二〇〇三年十二月三十一日にテレビ朝日系で放送された『ビートたけしの世界はこうしてだまされた⁉』で海外のドキュメンタリー番組として取り上げられ、すでに日本国内でも発生していた月着陸否定論者を勢いづかせることになった（山本弘・江藤巌・皆神龍太郎・植木不等式・志水一夫『人類の月面着陸はあったんだ論』二〇〇五）。

この二つのテレビ番組はどちらも荒唐無稽《こうとうむけい》な内容であり、注意深く見ればフィクションとわかるような手掛かりが随所に仕込まれていたにもかかわらず、多くの信奉者を出してしまった。なかには、番組作成者は真実を報道するために、あえてエイプリルフールを利用したのだ、と主張する論者さえいる。

なぜこのような結果になったのか。それは、人々のマスメディアへの信頼性が高いこと（だからこそニュース形式で放送されたものは信用してしまう）、番組そのものの出来がよかったこともあるが、それ以上に重要な要因は内容が陰謀論的なものだったことだろう。大国の政府は世界に対して何かを隠しているという不信感が蔓延《まんえん》している時期には、話の規模が大きいほど受け取る側でそれを秘密にすべき必然性を見出してしまうのである。

そして現在、フェイスニュース拡散の場はＷＥＢ上に移っている。

WEB上に拡散するフェイクニュース

二〇一七年一月、アメリカ合衆国でトランプ政権が成立するにあたってはニュースサイトを装って民主党に関する虚偽のスキャンダルがばらまかれ、さらにそれがSNSを通じて拡散されることで世論に影響を与えた可能性が取りざたされた。

政治的な内容のフェイクニュースはアメリカだけの問題ではなく、いまや全世界規模でばらまかれている。偽りのスキャンダルが、有権者の投票行動に影響を及ぼすのは民主主義の根幹にかかわる危機である。

また、二〇一八年十一月にBBCから発信されたニュースによると、インド、ミャンマー、スリランカ、エクアドル、メキシコなどでは無実の人物がSNSによるフェイクニュース拡散で凶悪犯扱いされ、市民のリンチによって殺されるという事件が起きたという。

一田和樹氏は、現在、すでにフェイクニュース発信は組織的な世論操作の手段として確立しており、各国の現政権維持のため、あるいは国家間の情報戦争の手段として広範囲に用いられているという(一田和樹『フェイクニュース――新しい戦略的戦争兵器』二〇一八)。

今のところ、フェイクニュースは出所を不明瞭にした上で、不特定多数相手に虚偽の情報をもたらすということで、アナログ時代のメディアでいえば偽文書というより怪文書に近い。

しかし、将来的には画像加工技術の進歩により、公文書や要人の私信を装った偽作の文書がフェイクニュースとのセットで乱用されることは容易に予想できる。「永田メール事件」での偽メールなどよりはるかに出来が良い偽文書が横行するなら、それは中世・近世に偽文書が公的効力を発揮することがあったように実際の効力を発揮することもありうるし、否定するにしても社会は消耗を強いられることになる。「江戸しぐさ」の教育現場導入や、『富士宮下文書』関連教団への支持に見られるように現在の日本の政界・官界は情報検証の能力が鈍っているようにも思われる。

デジタル時代における新しい形での偽書の出現に対し、私たちはあらためて警戒する必要があるだろう。

III

歴史資料として偽書をどう扱うか

第26章

偽書研究の嚆矢となった二人の研究者

狩野亨吉「天津教古文書の批判」

狩野亨吉《かのうこうきち》（一八六五〜一九四二）の論文「天津《あまつ》教《きょう》古文書《こもんじょ》の批判《ひはん》」は岩波書店の『思想』昭和十一年（一九三六）六月号に掲載された。狩野は、京都帝大文科大学（現・京都大学文学部）初代学長を務めた碩学《せきがく》でありながら、象牙の塔にこもることを嫌い四十二歳で退官。その後は、在野の一論客として過ごした叛骨漢《はんこつかん》である。

この年の二月十三日には竹内巨麿《きよまろ》ら天津教幹部の検挙があり、同月二十六日には二・二六事件が勃発している。そのタイミングから、この論文は狩野が権力におもねって書いたものとする論者もあるが、狩野の性格を思えば邪推というものだろう。狩野は昭和三年からすでに天津教の欺瞞《ぎまん》について知る機会があり、それが次第に軍部に信奉者を得ていることに危機感を覚えてこの論文を著すにいたったという。タイミングの一致は、狩野と同様の危機意識を同時期に当局も覚えたことを示すものでしかないし、二・二六事件の青年将校運動に『竹内文書』を含む偽史が与えた影響を思えば、それはむしろ遅すぎたのかもしれない。

この論文において狩野が対象にした「古文書」は次の五点。

「長慶太神宮御由来《ちょうけいだいじんぐうおんゆらい》」

「長慶天皇御親筆《ごしんぴつ》」

「後醍醐《ごだいご》天皇御親筆」

「平群真鳥《へぐりのまとり》親筆」

「神代文字之巻《じんだいもじのまき》」

そして、その批判において、狩野が指摘した論点は次の五つに整理できる。

狩野亨吉（『第一高等学校六十年史』昭和14年〈1939〉より）

1　違う時期で、違う人物の手になるとされる文書の間でも同一人物の筆跡が見られる。

2　文書が書かれたとされる時代の官位や制度について不正確な記述がある。

3　文法や仮名遣いについて、明白な誤りがある。

4　漢字普及以前に神代文字で書かれたとされる箇所に漢語の混入が見られる。

5 その文書が書かれたはずの時期より後世の知識や用語の混入がある。

とくに傑作なのは「長慶太神宮御由来」「長慶天皇御親筆」「後醍醐天皇御親筆」の三つが同じ筆跡だったことだ。違う天皇の「御親筆」が同じ筆跡では様にならないし、崩御された天皇を神に祭った次第を記して神社に奉納した文書の筆跡がその御親筆と同じというのでは悪い冗談としか思えない。

なお、この点についてWEB上で『竹内文書』は写本で伝えられたはずだから同じ筆跡でも問題ない、という反論を目にしたことがあるが、そうした論に対しては「御親筆」という意味を考えてほしい、というしかない。

なお、狩野が鑑定した「古文書」五点について、吉田兼吉《かねきち》は、それらは竹内巨麿のあずかり知らぬ偽造物で、論文発表直後に狩野もそれを認め、天津教側に詫《わび》証文を書いたと主張している（吉田兼吉『皇道と興亜の規矩《きく》』一九三九）。

だが、天津教事件では、狩野も昭和十七年十二月に検察側の証人として出廷、論文の要旨を証言している。狩野が詫証文を書いたあとでそのような証言をするのはおかしいし、本当に詫証文があるのなら弁護側の証拠として法廷に提出されそうなものである。

また、「神代文字之巻」は戦後に皇祖皇太神宮が発行した『神代の万国史』増補版（一九七文書」八点のうちの一つである。皇祖皇太神宮が、狩野の鑑定した「古文書」をあずかり知らぬものとみなしているのなら、自ら発行したテキストに堂々と掲載するわけはない。

狩野論文の五つの論点は他の「古史古伝」にも応用できる

以上、狩野は取り上げた「古文書」については十分にその偽作性を証明しており、その責任を果たしているといえよう。

むろん、この論文で取り上げられた「古文書」が「天津教古文書」のすべてではないことは狩野自身も認めるところではあった。

『竹内文書』でもっとも有名なのは「古文書」としての形式を持たない神代の系譜・年代記などである。それらは狩野の批判の対象から直接は外されている。しかし、狩野が批判した「古文書」はそれらの伝来の経緯にもかかわるものであり、狩野の批判が妥当なら系譜・年代記の類を信奉する根拠もなくなる。また、狩野が批判した論点は系譜・年代記の類の方にもあてはまるものである。

『竹内文書』で狩野が取り上げたもの以外の「古文書」としては、たとえば武蔵坊弁慶《むさしぼうべんけい》が主君・源義経《みなもとのよしつね》が「蝦夷唐国」に渡るに際し、その渡航が成功するように皇祖皇太神宮に黄金二十五枚を奉納した願文がある。ジンギスカン＝源義経説で有名な小谷部全一郎《おやべぜんいちろう》（一八六七〜一九四一）は昭和初期、皇祖皇太神宮に参詣し、この「古文書」を見て、自説の証拠が出てきたと感激している。とはいえ、実際にはこの「古文書」は小谷部の著書の内容に合わせて準備されたものとみた方が妥当だろう。

また、「キリストの墓」で有名な青森県新郷《しんごう》村の資料館に保管されている「キリストの遺言」なるものも『竹内文書』に含まれていた「古文書」の写しである。「キリストの墓」なるものが昭和十年に突然出来上がったシロモノであることは16章で述べたとおりだ。

こうしてみていくと、どうも狩野が扱わなかった「天津教古文書」も、扱われたものに比べて信憑性《しんぴょうせい》が高いとは言えそうにないもののようである。

この五つの論点は他の「古史古伝」批判にも応用できるものであり、そのいずれにも当てはまらない「古史古伝」は存在しない。あるいは、この論点の三つ以上当てはまることこそが「古史古伝」の条件とさえいえるかもしれないほどだ。

山田孝雄「所謂神代文字の論」——神代文字の由来や神宮文庫の奉納文の正体を解明

山田孝雄《よしお》（一八七三〜一九五九）の論文「所謂《いわゆる》神代文字の論」は『藝林《げいりん》』（藝林会）昭和二十八年（一九五三）二月・四月・六月号（巻四—一〜三）に掲載された。

山田は国語学と日本思想史で大きな業績を残し、神宮皇学館大学学長《じんぐうこうがくかん》、文部省国史編集官、国史編集院院長などを務めた人物である。その経歴からうかがえるように、山田は思想的には近世国学のナショナリズムを継承する立場であり、〝最後の国学者〟と綽名《あだな》された。

その山田が学識の限りを尽くして、神代文字の正体に挑んだのがこの論文である。山田は当時知られていた神代文字の実例について、古代にまで遡《さかのぼ》りえないことを明らかにしていく。たとえば伊勢神宮の神宮文庫には、古代から中世にかけての有名人が奉納したという神代文字のコレクションがある。山田はそれらの文字について調査し、明治初年（一九六八）頃に国学者で維新の志士であった落合直亮《おちあいなおあき》（一八二七〜九四）が一括して作ったものであるのを明らかにした。落合は明治六年に神宮教院（現在の神社本庁の前身のひとつ）を創設したが、明治十五年に神宮教院が閉鎖され、その所蔵文献が神宮文庫に収められた際に落合作成の神代文字文書が紛れ込んだというわけだ。

また、山田は、近世に神代文字という概念が広まった契機として、江戸時代の天文家・渋川春海《しぶかわはるみ》（一六三九〜一七一五）の著書『瓊矛拾遺《ぬぼこしゅうい》』（一六九九）に、十二支《じゅうにし》を示す異体文字があることを提示した。

春海の門下・跡部光海《あとべてるみ》（良顕《よしあきら》。一六五九〜一七二九）は著書『和字伝来考《わじでんらいこう》』（一七二四）で春海からその文字を伝授された時のことを記している。

「世間に神代の文字と云《い》って伝授する者あり。これは天竺梵字《てんじくぼんじ》また道家《どうか》の霊符に用る字なれは皆用《もちい》かたし……渋川春海翁《おう》神代の文字十二支名を書たるを求いたし、垂加霊社へ見せられたれはこれ神代の文字に極《きわま》りたりとのたまひしと也《なり》。これを予に伝授せられたれは秘伝とし、門弟にも伝授するなり」

つまり、当時、世間で神代文字と称して流布していたのは、いずれも梵字や中国道教の護符そのもので信用ならないものだった。ところが春海は本物の神代文字を探しだすことに成功した。その文字は神道家・儒学者として有名な山崎垂加《やまざきすいか》（闇斎《あんさい》。一六一八〜八二）に見せても本物の神代文字とのお墨付きをいただけるものだった。光海は春海からその文字の伝授を受け、さらに門弟にも伝授することにした、というわけである。

山田は光海のこの文を、「神代の文字」という語がその実物サンプルの提示とともに用いられた、もっとも初期のものとして注目した。

さらに、山田は、この十二支文字が春海や光海の著書よりも早く、袋中《たいちゅう》（一五五二〜一六三九）の『琉球神道記《りゅうきゅうしんとうき》』（一六〇五、刊行は一六四八）に出てくることを指摘した。袋中は琉球桂林寺《けいりんじ》（現・沖縄県那覇市。現在廃寺）の開山となった浄土《じょうど》宗の僧である。それは琉球でかつて用いられていた占いのための文字だったという。

山田は、光海はその出処を確かめようとせず、迂闊《うかつ》にも琉球の十二支を神代文字と思い込んだものと決め付けた。なお、私は、光海はそれが琉球の占いにかかわる文字であることを承知の上で日本の古伝と関連付けようとしたものと考えている（原田実『図説神代文字入門』二〇〇七）。しかし、日本における神代文字のイメージ形成に琉球の影響があったという山田の指摘自体は重要なものであろう。

「ひふみ」四十七文字の起源を『大成経』と特定

さらに山田は、神代文字伝来に関する説話の多くが『大成経《たいせいきょう》』の史料伝来譚《たん》を原型としていることを示した上で、近世における神代文字という観念の形成に『大成経』が大きな影響を与えたことを論じる。

さらに神代文字の配列に「ひふみ」という四十七文字の歌がよく用いられていることを指摘し、その由来が『大成経』にあることをも明らかにする。つまり「ひふみ」による配列を前提に作られた神代文字の成立は『大成経』が偽作された十七世紀後半より前には遡りえないということになるのである。

ちなみに「ひふみ」は五十音図や「いろは」と同様、日本語の音韻が五母音で整理されていることが前提のものである。奈良時代の上代特殊仮名遣いでは、音韻はまだ五母音に整理されておらず（八母音説が有力）、したがって五母音で整理された神代文字も上代まで遡ることはありえないということになる。

山田はこの論文において上代特殊仮名遣いにはとくに言及していないが、「ひふみ」による配列を批判することで音韻的にも、現在、神代文字と呼ばれているものが上代に遡りえないことを暗に示したものといえよう。

偽書の中でも、いわゆる「古史古伝」と呼ばれるものの多くは神代文字に関する伝承を含んでおり、それらの批判には山田が示した事例が大いに参考になる。

狩野の「天津教古文書の批判」と山田の「所謂神代文字の論」は、偽書批判の古典として、今後も研究者に役立つ論点を多く含んだ論文だといえよう。

第27章

偽書を研究対象にさせた歴史学のパラダイム転換

歴史学におけるアナール学派の登場

一九二九年フランスで創刊された歴史学術誌『アナール』には、歴史学について、従来の年表型・人物研究型の方法論に批判的な研究者が集う場となった。彼らは、民衆の生活の中に変化を見出し、それぞれの時代の多くの人々に共有された精神について考察することで歴史研究の新たな可能性を切り開こうとした(「アナール」とは「年報」の意味。『社会経済史学年報』を意味する原題の略称)。

『アナール』創刊における中心人物の一人でストラスブール大学教授だったマルク・ブロック(一八八六〜一九四四)は、主著『王の奇跡』(一九二四、邦訳一九九八)において、中世ヨーロッパで広く伝わっていた王の癒《いや》し(国王の手には病人を癒す力があるという俗信)についての史料を集め、権力においては諸侯が国王に勝っていた地域や時期にあっても、民衆の間では、王権は、宗教的あるいは呪術的な権能として認められていたことを示した。

それまでの歴史学では、事実としてはありえないということで切り捨てられてきた俗信や伝説などについても、その虚構を成り立たせてきた精神や、その虚構が当時の社会で果たしてきた意義などを歴史的研究の対象とするための方法論が、ブロックらアナール学派により確立されていったのである。

ブロックは第二次大戦時にはナチスへのレジスタンスに参加し、ついに銃殺刑に処せられた。その後、多くの国での歴史学の潮流は、民衆史を階級闘争という大きな物語の中に位置づけるマルクス主義史観と、それに対する実証主義からの批判という大枠にとらわれ、精神史を重視するアナール学派の考え方は長らく傍流となった。

アナール学派で重視された集合記憶（特定地域・時代の社会に共有された記憶）という考え方は実証困難なため、受け入れがたいとする研究者も多かったのである。

日本では戦前、歴史学者で平和運動家の朝河貫一《あさかわかんいち》（一八七三〜一九四八）がブロックと往復書簡を交わしているが、本格的なアナール学派紹介は一九八〇年代、フランス史専攻の二宮《にのみや》宏之《ひろゆき》（一九三二〜二〇〇六）によって主になされた。そのきっかけとなったのは一九七七年、当時のアナール学派のリーダー的存在だったジャック・ル・ゴフ（一九二四〜二〇一四）の来日によるものである（ジャック・ル・ゴフ来日記念講演「歴史学と民俗学の現在」『思想』一九八一年十二月号）。

八〇年代に登場した社会史とミクロストリア

だが、一九八〇年代に入ると『アナール』寄稿者たちの研究方針も多様化・細分化が進み、次第に「学派」としての統一感はなくなっていった。しかし、その一方でこの時期から、アメリカで『革命前夜の地下出版』（一九八二、初邦訳一九九四）、『猫の大虐殺』（一九八四、初邦訳一九八六）などで社会史という観点を歴史学に導入したロバート・ダントーン、イタリアでミクロストリア（マイクロヒストリー、極小史）を提唱したカルロ・ギンズブルグなど、アナール学派の問題意識を受け継いだ「新しい文化史」が世界中で同時多発的に展開されることになる（ピーター・バーク『文化史とは何か？』初版二〇〇四、邦訳二〇〇八）。

日本においては、阿部謹也《あべきんや》（一九三五〜二〇〇六）の『ハーメルンの笛吹き男——伝説とその世界』（一九七四初版）・『刑吏の社会史——中世ヨーロッパの庶民生活』（一九七八）・『中世を旅する人々』（一九七九）など、中世ヨーロッパ史に精神史的手法でアプローチした書籍が次々と話題になった。

さらに中世日本史においても、網野善彦《あみのよしひこ》（一九二八〜二〇〇四）が、精神史的視点を導入した『無縁《むえん》・公界《くがい》・楽《らく》』（一九七八初版）、『異形《いぎょう》の王権』（一九八六初版）などのベストセラーを著している。

のちに網野は『日本中世史料学の課題——系図・偽文書・文書』（一九九六）において、文化を扱う民俗学と事実を扱う歴史学の協力を通して偽文書《ぎもんじょ》や偽系図《にせけいず》の類を史料として扱う方法を構築することを提案した。

ちなみに網野と阿部は書籍『対談中世の再発見』（一九八二初版）で出会って以来、幾度も対談を行っており、いわば同志的関係にあった。二人とも学風としては実証主義に近いが精神史的観点の重視という点ではアナール学派の問題意識を受け継いでいる。

「古史古伝」研究にアナール学派の方法を

さて、いわゆる「古史古伝」の研究に対して、アナール学派の方法が応用できる可能性を提示したのは佐治芳彦《さじよしひこ》であった。

佐治は著書『甦る古代王朝 古史古伝の秘密——異端の書が明かす超古代の全貌』（一九九二）の序文においてル・ゴフの講演に言及し、歴史研究のパラダイム変換は「現代日本をのぞく世界の歴史学界のいわば常識」だとする。さらに、ル・ゴフが提唱するように精神史の深層を見据《みす》えた上での歴史叙述を行うことで次のような状況が期待できるとする。

「偽書・偽史とされていた文書（文献）や、古代伝承、神話など、これまでアカデミズムから排除されてきた「異なるもの」も、等しく史料として復権、活用されることになります」

「たとえば「神代文字」が記号として再評価され、その神代文字によって書かれた、あるいはそれが頻出する「古史古伝」が、日本史を構造的にとらえる有力な史料とされる日も遠くはないという期待でもあります」(佐治芳彦『甦る古代王朝 古史古伝の秘密』)。

しかし、佐治が実際にその書籍で採用した方法は、「古史古伝」に古代の事実として記されたことを実際の古代の史実の反映としてとらえるというものであり、精神史的観点からの研究とはほど遠いものだった。一方で、九〇年代初頭の日本においてアカデミズムでも「新しい文化史」に相当する動きが生じていたことは先述のとおりである。

歴史研究のパラダイム変換についていけなかったのは、アカデミズムではなく佐治の方だったのだ。

偽書研究にはミクロストリアが有効では

さて、私は偽書研究にはギンズブルグのいうミクロストリアの考え方が有効ではないかと提唱してきた(原田実「「古史古伝」研究の現状と展望」『別冊歴史読本特別増刊 「古史古伝」論争』一九九三)。

ギンズブルグは『ベナンダンティ』(一九六六、邦訳一九八六)、『チーズとうじ虫』(一九七六、初邦訳一九八四)などにおいて十六〜十七世紀イタリア魔女裁判の証言に現れる幻視体験の証言についてその文化的背景を探り、それまで扱いが難しいとされていた魔女裁判の記録や、一次史料ではないからと扱いが軽んじられていた年代記の類が重要な史料となりうることを示した。

ギンズブルグは、史料の細部に現れる徴候《ちょうこう》にその史料を生んだ文化の特徴が示されるという考え方をとる。彼はこの方法の先駆として歴史学者以外で三人の人物の名を挙げている。それは十九世紀末の美術批評家ジョヴァンニ・モレッリ(一八一六～九一)、精神分析の祖ジグムント・フロイト(一八五六～一九三九)、そして文学史上もっとも高名な探偵シャーロック・ホームズである(カルロ・ギンズブルグ『神話・寓意《ぐうい》・徴候』一九八六、邦訳一九八八)。

偽書はその出現自体が、まさにその時代の社会の徴候ともいうべき存在である。さらにその細部を顕微鏡的に分析していく手法は偽書、とくにいわゆる「古史古伝」のように錯綜《さくそう》した成立過程を持つテキストの史料批判に有効ではなかろうか。

私見では、アナール学派からギンズブルグにいたる流れは、最近の日本における偽書研究の動向にも影響を与えているように思われる。

一九八〇年代における「新しい文化史」の動向をパラダイム変換の一種とみなすなら、それにより、史料としての偽書の扱いが変わってきたのも当然といえよう。そのパラダイム変換が共有されてきた一九九〇年代、歴史学において偽書の扱いが変わってきたのも偶然ではなかったのだろう。

第28章

偽書研究の画期となった一九九〇年代

河原巻物の新しい研究

本章では、偽書に関して一九九〇年代以降の日本での研究動向を概観してみたい。一九七〇〜八〇年代にかけて、古代史ブームと連動しての「古史古伝《こしこでん》」ブームは九〇年代に入ると次第に沈静化に向かう。

九〇年代初頭において、偽書研究における重要な業績と言えば、脇田修《わきたおさむ》(大阪大学名誉教授。一九三一〜二〇一八)の『河原巻物《かわらまきもの》の世界』(一九九一)がある。河原巻物とは、被差別部落においてその職掌の由来を説明するという形式で伝承された文書である。それらはいずれも近世における被差別階層の固定化を中世あるいはそれ以前に遡《さかのぼ》って説明する偽書なのだが、そこからは近世身分制社会を支えた世界観が反映しているだけでなく、身分制の底辺に置かれていた人々の、自分たちの存在が社会を支えているという誇りをも読み取ることができる。

「河原巻物は、現代のわれわれから見れば、確かに非合理な内容もあり、とうてい史実とはいえないものである。しかし複雑で屈折した表現になっているが、それは近世の被差別部落民の生活と宗教・文化的環境のなかから生みだされたもので、彼らの既得権保持を意図した現実利益を追求する主張と、なによりも生の根源となるところで自らの存在意義を確認したものである」「河原巻物は、前期のものは中世の縁起・由緒の流れが及んでおり、そのなかで彼らの由緒を記したものであった。したがって河原巻物には天皇の権威をかりたものが多いが、それはまた天皇と宗教とくに神道といわれている信仰との関係が深いところから、天皇の政治的権威をふまえたものと、宗教・文化的権威とが二重構造となって存在している」（脇田修『河原巻物の世界』）

河原巻物の研究としてはすでに盛田《もりた》嘉徳《よしのり》（大阪教育大学名誉教授。一九一二～八一）の『河原巻物』（一九七八）という先駆もあったが、脇田はその世界観の解析において盛田の業績を前進させた感がある。

「古史古伝」研究と『東日流外三郡誌』真贋論争

「古史古伝」関連で一九九〇年代初頭における大きな動きとしては『東日流外三郡誌《つがるそとさんぐんし》』真贋《しんがん》論争があった。古田《ふるた》武彦《たけひこ》（昭和薬科大学教授。一八二六～二〇一五）は、『東日流外三郡誌』近世成立説に固執《こしつ》し、真偽論争において、擁護の論陣を張った人物である。

その古田が自ら奉じる偽書の定義を示したのが、その著書『九州王朝の歴史学――多元的世界への出発』（一九九一）に収録された書き下ろし論文「偽書論――論じて電顕撮影に至る」だった。その論文における偽書の定義は次のとおりである。

「当人がみずから偽りと知りつつ、それを他に真実と信ぜしめる行為としての造文・成書」

古田は、偽書か否かのキイ・ポイントは著者の「犯意の有無」にある、とする。そこから、『東日流外三郡誌』は著者がその内容を真実と信じているから偽書ではない。むしろ『日本書紀《にほんしょき》』こそ、七世紀までの倭《わ》国と八世紀以降の日本国の断絶という（古田が想定する）史実を隠蔽《いんぺい》しているから偽書である、と主張した。古田の主張は偽書か否かの判定を著者の内面への忖度《そんたく》に求めるものであり、とうてい客観的なもの足りえない。現在では、古田のこの論文は彼がなぜ自らの誤謬《ごびゅう》に固執したのか考える上での反面教師としての意義を持つものと言えよう。ちなみに論文副題でいう「電顕写真」とは図版として入れられた和田喜八郎《きはちろう》提供「古文書」の用紙の電子顕微鏡写真のことだが、この写真は戦後のパルプ製紙の特徴を示すものとして今では偽作の証拠とみなされている（『季刊邪馬台国』五三号、一九九四）。

『歴史読本』の「古史古伝」特集と『歴史を変えた偽書』の刊行

雑誌『歴史読本』（新人物往来社発行）は『東日流外三郡誌』真贋論争を契機として九〇年

代に「古史古伝」特集の別冊を複数出している。その皮切りとなった『別冊歴史読本特別増刊「古史古伝」論争』（一九九三年八月発行）において、私が、もっとも重要な論文と目しているのは、藤野七穂氏による「『上記鈔訳《うえつふみしょうやく》』と〝古史古伝〟の派生関係」である。

いわゆる「古史古伝」の『上記』『富士宮下文書《ふじみやしたもんじょ》』『竹内《たけうち》文書』『九鬼《くき》文書』などで神武《じんむ》以前の王朝に関する記述に類似があることは多くの論者から指摘されていた。それらに肯定的な論者はその類似こそ共通の「史実」を伝える証拠だとみなしてきたわけだが、藤野氏は精緻《せいち》な比較検討を行い、『富士宮下文書』『竹内文書』『九鬼文書』の古代王朝に関する記述が『上記』（さらに具体的には一八七七年に吉良義風《きらよしかぜ》という人物が著した『上記』ダイジェスト訳『上記鈔訳』）から派生したことを示したのである。藤野氏はのちの論文「偽史源流行」（『歴史読本』二〇〇〇年一月号〜二〇〇一年十二月号連載）でこのテーマをより詳細に展開している。

一九九五〜九六年のオウム真理教関連報道では、同教団の教義に、先行する偽書の影響が取りざたされた。ジャパンミックス編『歴史を変えた偽書——大事件に影響を与えた裏文書たち』（一九九六）はその熱気の中で出された書籍である。

この出版企画には私もかかわっていたがオウム真理教関連と『東日流外三郡誌』関連だけではなく、偽書が広くサブカルチャーに与えた影響に目配りしていることに特色がある。

なお、この書籍にはホラー作家として高名な朝松健氏のインタビューが収録されているが、聞き手の私のミスと思い込みにより事実と異なる記述を多く含むものとなっており、朝松氏にご迷惑をかけた。この場を借りて朝松氏ならびに同書を手に取られた読者にお詫び申し上げるとともに、今後、同書を扱う場合は、そのインタビューの内容は正確さに欠けることをご理解いただきたく願う次第である。

偽書への関心を喚起した網野善彦の提言

一九九八年、一九八〇年代の中世ブームを牽引《けんいん》した網野善彦《あみのよしひこ》（神奈川大学教授。一九二八〜二〇〇四）が『日本中世史料学の課題――系図・偽文書・文書』を著した。網野は、戦国期〜江戸時代にかけて手工業者から芸能民までを含む「職人」集団が、その特権と職能の由来を正当化するために作成した偽文書について次のように指摘する。

「職人」の偽文書の中には、真正な文書からだけではなかなかとらえることができない、当時の庶民の意識・伝承・習俗が姿を現している点にも目を向けなければならない。（中略）偽文書はまさしく歴史学と民俗学、文字の世界と民俗の世界をつなぐかけ橋といわなくてはならない」（網野善彦『日本中世史料学の課題――系図・偽文書・文書』）

網野のこの提言は、二十一世紀に入ってから歴史学界でも高まっていく偽書への関心の呼び水となった。

第29章

学際的偽書研究の勃興

偽書の背景にある世界観を探る文学研究

一九九〇年代、『東日流《つがる》外三郡誌《そとさんぐんし》』事件や、オウム真理教関連事件の背景などがメディアに取り上げられることによって偽書の問題点が世間的にも知られるようになった。また、歴史学界においても網野善彦《あみのよしひこ》の提言などにより偽書を史料として用いるための方法が論じられるようになった。

さらに偽書は歴史学だけでなく文学研究・思想研究の資料としても用いうる。そうした見地からの研究が進んだのは二〇〇〇年前後からのことである。今世紀に入ってからは複数の専攻の研究者による偽書をテーマとした学際的な共同研究も行われるようになった。

さて、ここで視線を文学研究の方面に向けよう。古代文学会は、主に古代文学・中世文学の研究者によって構成される学会である。古代文学会編『祭儀と言説——生成の〈現場〉へ』（一九九九）は、その会が一九九二年から一九九八年にかけて行った共同研究の催し（夏季セミナー）の成果を論文集としてまとめたものだ。

同書に収録された論文は、いずれも古代・中世の偽書の背景を為《な》す世界観を考察する上で参考になるものだが、ここでは津田博幸氏（現・和光大学教授）の「聖徳太子と『先代旧事本紀』――日本紀講の現場から」に注目したい。この論文では、平安時代の偽書である『先代《せんだい》旧事本紀《くじほんぎ》』十巻本が、いかにして聖徳太子に仮託されたかを、宮中行事として行われた日本《にほん》紀講《ぎこう》（『日本書紀《にほんしょき》』の講義）をめぐる言説空間との関連から考察するものである。

「『先代旧事本紀』は霧の中に忽然《こつぜん》と現れた迷宮である。初めて歴史の舞台に登場したのは十世紀前半、宮廷の公式行事として『日本書紀』を講読した、いわゆる日本紀講の場においてであった」

「解釈学的透明主義とウルトラ網羅主義は、いずれも『先代旧事本紀』が日本紀講を母体とし、聖徳太子のテキストたらんと欲望したテキストである、と想定することで説明可能である。知の超人聖徳太子のテキストである以上、どこにも不審や議論を呼ぶような箇所はなく、かつ初めからすべてが書かれているはずなのである」（津田博幸「聖徳太子と『先代旧事本紀』――日本紀講の現場から」

無署名文の著者認定法を提示

井田進也《いだしんや》（大妻《おおつま》女子大学名誉教授。一九三八〜二〇一六）の『歴史とテクスト――西鶴から諭吉まで』（二〇〇一）は、中江兆民《なかえちょうみん》（一八四七〜一九〇一）の研究者である井田が、福沢諭吉（一八三五〜一九〇一）の遺文（とされるもの）や井原西鶴《いはらさいかく》（一六四二?〜九三）名義の浮世草子《うきよぞうし》などについて論じたものである。

福沢については現行の『福沢諭吉全集』に収録された文章に別人のものが混入されたという疑惑がある。また、西鶴についても複数の人物が同じ名義を使っていたという疑惑が提示されたことがある。井田は、かつて兆民が関与した新聞などから兆民の文章を拾い出す作業を行ったことがあり、その過程で得られた著者特定の手法を、それらのテキストに応用することで疑惑の解明を試みたのである。

「『中江兆民全集』の編纂《へんさん》委員会で、のっぴきならない必要から、多年粒粒《りゅうりゅう》辛苦《しんく》の末編み出された無署名文の認定法を、この全集を作るためだけの使い捨てにしてしまうのはあまりにも惜しい、広く適用の道を開いて他の専門・研究分野にも役立てて欲しい、という著者の切なる願いから本書は生まれた」（井田進也『歴史とテクスト――西鶴から諭吉まで』）

井田の研究は、今後、近世〜現代の文書に対する真偽判定や、偽書の作者特定などに応用できる可能性が期待できる。

中世思想史からの偽書研究

二〇〇二年、東北大学教授（当時）の佐藤弘夫氏（日本中世思想史専攻）は『偽書の精神史——神仏・異界と交感する中世』を著した。

「日本の中世哲学を代表する新仏教・本覚論・神道説は、いずれも異界との直接的な交流を希求する時代状況を背景として生まれたものだった」

「いまや客観的実在としての彼岸とそこにある絶対者の観念は、人々の意識の中でリアリティを失い、この世だけが唯一の実体としてクローズアップされた。冥界は遠い彼岸の後ろ盾を失い、現世の片隅に取り残された。妖怪や幽霊はこの世のタブーの地や暗やみの中にひっそりと生息するものとなったのである。しばしば「世俗的」という言葉で形容される日本の近世は、このような社会の還俗《げんぞく》のプロセスを経て到来することになった。それは彼岸や冥界のリアリティを前提とする中世的な偽書の時代と、それを支える〈偽書の精神〉の終焉《しゅうえん》をも意味していたのである」（佐藤弘夫『偽書の精神史——神仏・異界と交感する中世』）

錦仁・小川豊生・伊藤聡編『「偽書」の生成——中世的思考と表現』（二〇〇三）は中世日本の偽書を研究対象とした論文集である（小川氏については先述、錦氏は新潟大学名誉教授、伊藤氏は茨城大学教授）。その中で立教大学教授（当時）の小峯和明氏（日本中世文学専攻）が、古人に仮託した予言書について考察した論文は、現代の予言書の形成や機能を考える上でも参考となるものである。

「今日の目からみれば、偽書にはちがいないが、真書として遇され、あるいは利用され、その力が期待され、受け手もその呪力を受けとめる。そういう表現の時空間に「御記文《ごきぶん》」は生きていた。過去から発せられた未来の予言、時空を超えた言説には支配や呪縛への欲望がたぎり、渦巻いている」（小峯和明「御記文という名の未来記」『「偽書」の生成――中世的思考と表現』所収）

『別冊歴史読本』における「古史古伝」特集の掉尾《ちょうび》を飾った『徹底検証 古史古伝と偽書の謎』は二〇〇四年三月の発行である。この書籍の特徴は、いわゆる「古史古伝」と「慶安御《けいあんお》触書《ふれがき》」、定家仮託の鵜鷺《うさぎ》系歌論書、聖徳太子未来記などを偽書（もしくはその疑いがある文書）という共通項で括《くく》ったことであろう。従来の「古史古伝」ファンは偽書呼ばわりされることを嫌がる傾向があったが、二〇〇〇年代半ばにはこのような企画が成り立つまでに読者の意識が変わっていたのである。

偽書テキストの刊行と偽文書学の進展

この時期には現代思潮新社から『日本古典偽書叢刊《にほんこてんぎしょそうかん》』全三巻（二〇〇四〜〇五）という叢書が刊行されている。中世から近世にかけて書かれた高名な偽書を集めた書籍で、その内容は次のとおりである。

第一巻／『和歌古今灌頂巻《わかこきんかんじょうのまき》』『玉伝深秘巻《ぎょくでんしんぴのまき》』（抄）『伊勢物語髄脳《いせものがたりずいのう》』『伊勢所生日本記有識本《いせしょせいにほんぎうしきほん》性仁伝記《しょうにんでんき》』『伊勢物語見聞書《いせものがたりけんもんしょ》』（抄）『長明文字鎖《ちょうめいもじぐさり》』

第二巻／『菅家須磨記《かんけすまのき》』『山路の露《やまじのつゆ》』『雲隠六帖《くもがくれろくじょう》』『盛長私記《もりながしき》』（抄）『阿仏東下り《あぶつあずまくだり》』『兼好諸国物語《けんこうしょこくものがたり》』（抄）

第三巻／『私教類聚《しきょうるいじゅう》』逸文『兵法秘術一巻書《へいほうひじゅついっかんしょ》』『義経百首《よしつねひゃくしゅ》』『簠簋内伝金烏玉兎集《ほきないでんきんうぎょくとしゅう》』『簠簋抄《ほきしょう》』収載「由来記」『商人の巻物〔秤の本地《はかりのほんじ》〕』『河原由来書《かわらゆらいしょ》』

さらに二〇〇四年には久野俊彦・時枝務編『偽文書学入門』も出ている。この書籍は偽文書を史料として用いる上での方法をめぐる論文集で、序文と巻頭論文は先述の網野によるものである（久野氏は東洋大学非常勤講師、時枝氏は立正大学教授）。

その中で東京大学史料編纂所准教授の及川亘氏は次のように述べている。

「七十年代以降の偽文書をめぐる研究は、単なる史料の真偽鑑定の精度向上にとどまらないのがその特徴である。機能論的古文書学の成果を受け継ぎながらも、それぞれの史料の属する史料群の中での位置づけや、史料群の形成における役割にまで踏み込んだ検討がなされるようになり、史料批判の中身そのものが面目を新たにしたのであった」（及川亘「偽文書と中世研究史」『偽文書学入門』所収）

なお、久野氏は本書の補遺として、『世間話研究』十五号（二〇〇五年十月）に「日本古典偽書・近代偽撰史書・偽史　関係文献目録」を寄稿している。『偽文書学入門』への寄稿者でもあった藤原明氏は、いわゆる「古史古伝」を主な対象とする書籍『日本の偽書』（文春新書・二〇〇四、のち河出文庫・二〇一九）を著している。藤原氏は近世末期から近代・現代にかけて成立した文献に中世・近世の思想史の延長線上に位置づける研究を行っており、従来の「古史古伝」研究の欠落を補うものとして注目される。

なお、藤原氏は「古史古伝」という呼称は不適切だとして、一時期、「近代偽撰国史」という用語を提唱していた。しかし、藤原氏は『日本の偽書』文庫版において「近代偽撰国史」も不適切だったとして、暫定的に「近代の偽書」「近代の偽国史」と呼ぶことにしたという。

藤原氏の著書としては他に『偽書「東日流外三郡誌」の正体』（二〇一九）、『幻影の偽書「竹内文献」と竹内巨麿』（二〇二〇）がある。

原克昭《はらかつあき》『中世日本紀論考――注釈の思想史』（二〇一二）は、「中世日本紀」という概念を伊藤正義《まさよし》（一九三〇〜二〇〇九）が一九七二年に提唱して以来の研究史を整理し、中世における『日本書紀』講義・註釈の中でどのように神話が変容し、それが他の文献に波及していったかを考察した書籍である。「中世日本紀」がいわゆる「古史古伝」を含むのちの偽書に与えた影響を考える上で参考になる。

偽書をテーマとするアジア世界の比較文化

千本英史編『「偽」なるものの「射程」――漢字文化圏の神仏とその周辺』(二〇一三)は叢書「アジア遊学」の一六一号にあたる。編者の千本氏は奈良女子大学教授で専攻は国文学・言語文化学・比較文化学と多岐にわたる。

同書には、すでに関連著作を紹介した伊藤聡氏、小川豊生氏、久野俊彦氏、佐藤弘夫氏、藤原明氏の論考の他に、インド・中国・ベトナム・韓国における偽書に関する報告も収められており、偽書をテーマとしたアジア世界の比較文化として興味深い一冊である。

千本氏は多くの偽書研究を手がけ、『日本古典偽書叢刊』の企画は、氏が申請代表となって科学研究費助成事業(文部科学省・日本学術振興会)に受理された研究課題「日本古典文学における偽書の展開の研究」(二〇〇四~〇七年度)の一環としてなされたものである。千本氏はこれに先立ち「日本古典文学における偽書の系譜の研究」(二〇〇〇~〇二年度)という課題も受理されているが、伊藤氏、小沢氏、深沢氏はその際の共同研究者であった。また、千本氏は二〇〇九~一二年度においても「東アジアにおける古典偽書の比較文化的研究」という課題で受理された。アジア遊学の特集は、この成果をもとに刊行されたものである。

山本直孝・時枝務編『偽文書・由緒書の世界』(二〇一三)も先述の『偽文書学入門』と同様、網野による偽文書の史料価値見直し提唱を受けての論文集である。

「偽文書の中で主張する権威の根拠には、必ず国家的枠組みにつながる貴種との繋《つな》がりが書かれており、偽文書が社会に受け入れられ効力を発揮したのは、そうした貴種との繋がりが事実として受け入れられていたためでもある」（山本直孝「はしがき」『偽文書・由緒書の世界』所収）

編者の一人である山本氏が寄稿した「廻船大法《かいせんたいほう》の成立とその伝来　再論」は、近世日本でほぼ全国にわたって分布していた慣習法「廻船大法」の成立と伝播《でんぱ》について考証した論文で同書の白眉《はくび》である。

小川豊生『中世日本の神話・文字・身体』（二〇一四）は小川氏のライフワークである中世宗教文化論の集大成ともいうべき一冊である。その中で「偽書のトポス――中世における書物の生成」という章では、比叡山《ひえいざん》や伊勢神宮などでの事例を踏まえ、信仰が神仏と直結する装置としての書物（客観的には偽書）を生み出すメカニズムを考察している。

偽史・偽書をめぐる立教大学公開シンポジウム

小澤実編『近代日本の偽史言説――歴史語りのインテレクチュアル・ヒストリー』（二〇一七）は、二〇一五年十一月開催の立教大学公開シンポジウム「近代日本の偽史言説　その機能・生成・受容」に基づく論文集である。編者の小澤氏は立教大学教授（西洋中世史専攻）でそのシンポジウムの企画者であった。

同書では「椿井《つばい》文書」・神代文字・『竹内文書』・「皇国史観」・ジンギスカン義経説・ユダヤ陰謀論・日本＝ユダヤ同祖論・くぐつ＝ジプシー説・「失われた大陸」説など偽史と偽書をめぐるさまざまな問題を気鋭の研究者が扱っている。

馬部隆弘『由緒・偽文書と地域社会』（二〇一九）は、その立教大学公開シンポジウムで「椿井文書」について報告した馬部氏の著書。「椿井文書」に関してまとまって報告された初めての書籍であり、近畿地方の自治体における郷土史に「椿井文書」を含む偽書の汚染が進んでいる自体の報告書でもある。

斉藤光政『戦後最大の偽書事件「東日流外三郡誌」』（集英社文庫・二〇一九）は『偽書「東日流外三郡誌」事件』（新人物往来社・二〇〇六、のち新人物文庫・二〇〇九）として出された書籍の再文庫化であり、内容も増補されている。地元紙（『東奥日報』）記者の視点から見た『東日流外三郡誌』真偽論争の総決算ともいうべき一冊である。

第30章

偽書は体制批判に使えるか？

偽書の内容擁護論と「歴史書はすべて偽書」論

通常、書物は偽書であることが示されると、その内容に関する信頼性を失うものである。しかし、歴史ファンの間には、偽書だからといって内容まで虚偽とは限らないという擁護論を説く人がいる。一九七〇年代には、天皇制国家およびそれに随順《ずいじゅん》するアカデミズムによって隠蔽《いんぺい》された歴史の真実が『竹内文書《たけうちもんじょ》』『富士宮下文書《ふじみやしたもんじょ》』『上記《うえつふみ》』などの中に伝わっている、という議論が武内裕氏（『日本のピラミッド』一九七五、など）、鹿島曻（『倭《わ》と王朝』一九七八、など）、佐治芳彦（『謎の竹内文書』一九七九、など）によって展開された。

それらの実際のテキストが過剰なまでの皇室至上主義を主張しているにもかかわらず、である。彼らは自分の好みに合わせて偽作者たちの思いもよらない読み方を新たに創作したのである。

さらに進んで偽書はその存在自体によって権力の欺瞞《ぎまん》を暴くものだという考え方もある。

その代表はかつての雑誌『宝島《たからじま》』編集者で、ネイティブアメリカンの世界観の紹介者でもある北山耕平氏である。

「私は「歴史は人の数だけある」という考え方にあくまでも立つものであり、だからこそ偽書というものに強くひかれてきた。なぜならどんなものであれ歴史書はどれも偽書であるからだ。その場にいなかった者たちの手で書かれるもの、それが文字にされた歴史なのだ。当然『古事記《こじき》』や『日本書紀《にほんしょき》』も例外ではない。重要なのは、歴史はひとつとするファシズム的な考え方を解体すること以外にはない」(北山耕平「歴史にとってヴィジョンとはなにか」『別冊歴史読本特別増刊　「古史古伝」論争』一九九三年)

『東日流外三郡誌』で「万世一系という虚構」を相対化できるのか

北山氏はこのエッセイにおいて、たとえば『東日流外三郡誌《つがるそとさんぐんし》』は蝦夷《えみし》の視点からの歴史であり、「先の大きな大戦が日本帝国の本土が核攻撃を受けて終わるまでは絶対に世に出ることがなかったヒトビトの精神の歴史書」であるとして、このような偽書は、国家によって国民に押し付けられた「万世一系という虚構」を解体する上で有効だと説いている。

しかし、北山氏のように「歴史書はすべて偽書」であるとみなして使用価値を相対化することは、結局、恣意《しい》的な解釈の横行を許すものでしかない。『東日流外三郡誌』を例にとるなら、それはあくまで和田喜八郎という二十世紀の人物が既存の資料に基づいて創作した作品に他ならない。それを忘れられた人々の精神を記したものとみなしたのはあくまで北山氏の恣意である。そして、北山氏がそのように解釈した原因を考えるなら、それは結局、北山氏の先入観と、和田が採用した資料が戦後日本という同じ時代環境から生じたからにすぎない。

偽書にも真実が秘められているという主張は一般論としては成り立つが、具体的に「真実」を抽出しようとするなら、多くの場合、テキストの文脈を無視してその論者の好みの記述を拾ってしまうのがオチである。

歴史書自体は歴史上の事件が生じたその時点で当事者によって書かれたものではないにしても、その記述の妥当性は一次史料（当事者がその時点で書いた日記・書簡・文書など）によって裏付けがあるか確認することはできる。日本古代史では一次史料は乏しいが、それでも金石文（石製品・金属製品の銘文の類）や考古学的資料である程度の証拠は求められる。北山氏のように偽書を珍重する姿勢は史料事実よりも自分の好みを優先する態度に他ならない。

体制批判には偽書の利用よりも、真実を希求すること

偽書が体制批判に有効かどうか、視点を変えてみよう。偽書を根拠とした立論は、刑事事件で検察側が偽造された証拠を用いて起訴状を書いたようなものである。

検察がそれをよしとするなら、冤罪《えんざい》が生じるのは明らかだし、偽造が暴かれれば検察の主張が根拠を失うばかりか、公判そのものがひっくりかえりかねない。

偽書の中には政治的目的によって作成されたものも多いが、それらは政治的情勢の変化とともに当初の目的から離れた動きを示すのが常である。『シオンの議定書《ぎていしょ》』は帝政ロシアのユダヤ人迫害政策を正当化するために作られ、アメリカの移民排斥主義者に利用され、さらにナチスドイツのユダヤ人虐殺を招く原因の一つとなった。その時々での信奉者に共通しているのはユダヤ人への偏見だが、それもその信奉者たちの主観ではユダヤ人支配という世界の「体制」にあらがうという「反体制的」な志に他ならなかったのである。体制側・反体制側の関係は流動的であり、そのどちらも一枚岩というわけではない。同じ文書が体制側にも反体制側にも利用しうるという状況は珍しくない。とくに、偽書ともなると、内容が現実と乖離《かいり》しやすい分、政治利用される場合もさまざまな立場からの恣意的使用がしやすい。

偽書に「反体制」を見出して政治的に利用するなら、その運動は決して良い結果を招かないであろう。体制の欺瞞に抗するには、別の欺瞞を持ち出すよりも真実を希求する方が効果的なはずである。とくに、本書でたびたび言及してきたように、政権自体が偽書やフェイクニュースを容認・利用したがる傾向がある現代日本では、その批判にもっとも有効なのは真実を示すことであろう。

あとがき

本書は、二〇一七年十月から十二月にかけて栄中日文化センター（名古屋市）で開催された私の講座「偽書から見た日本史」（全三回）での内容を下敷きにして、その後の研究成果も踏まえ、書籍として構成したものである。

私が日本史における偽書の問題に関心を持ち始めたのは一九七〇年代半ばのことである。その当時は、宮崎康平『まぼろしの邪馬台国』（一九六七年）のベストセラーに始まる邪馬台国ブームが、高松塚古墳壁画発見（一九七二年）や、同年の梅原猛『隠された十字架　法隆寺論』毎日出版文化賞受賞などを経て古代史ブームに発展した時期である。

また、一方でその時期に、やはり六〇年代からの「失われた大陸」「空飛ぶ円盤（ＵＦＯ）」ブームに五島勉『ノストラダムスの大予言』（一九七三年）のベストセラー、同年の映画『エクソシスト』ヒット、一九七四年の自称超能力者ユリ・ゲラー氏来日による「スプーン曲げ」ブームなどをメディアが関連付ける形でのオカルトブームも勃興していた。

高校生時代の私はその時流にあてられ、古代のロマンや、怪しげなオカルト話に夢中になっていたわけである。さて、その古代史ブームにおいて、記紀や中国正史に飽き足らない人々の間で、偽書と言われる古代史文献に注目する動きが生じていた。本書でも取り上げている『上記』『竹内文書』『富士宮下文書』などである。のちに真偽論争で世間の耳目を集める『東日流外三郡誌』が青森県市浦村村史資料編として世に出たのもこの時期のことだ。

権力は真実を隠蔽しようとする。ならば、真実を書こうとする者は匿名にせざるをえないだろう。すなわち、真の著者が隠されている偽書にこそ真実が書かれているはずだ…当時の私はこうした思考にとりつかれ、偽書と呼ばれる文献や、学界の主流に挑戦する（というポーズをとっている）人物の著書を好んで読んでいた。

そうした思考の傾向は、大学進学、出版社勤務、さらに昭和薬科大学での奉職（九〇年四月～九三年三月）を経ても大きく変わることはなかったように思う。

私の九四年までの著書『幻想の超古代史』（八九年）、『日本王権と穆王伝承』（九〇年）、『もう一つの高天原』（九一年）、『黄金伝説と仏陀伝』（九二年）、『優曇華花咲く邪馬台国』（九四年）および、それらと同時期の論考をまとめた『幻想の古代王朝』（九八年）は、いずれも偽書とされる文献や、歴史学界から否認されている異説、史実から乖離《かいり》したとみなされている伝説などの中に真実の片鱗《へんりん》を求めるという内容である。

しかし、九〇年代に入ってから、私は偽書への接し方を次第に考え直さなければならなくなった。そのきっかけとなったのは昭和薬科大学での勤務中に取り組んだ『東日流外三郡誌』

という文献の研究だった。当時の上司であり私にとって恩師にあたる人物は、『東日流外三郡誌』所蔵者の証言を信じ、偽書ではないという前提で研究を進めようとしていたが、実際に出てくるデータは偽書説を支持するものばかりだったのである。

偽書の記述を信じ込むことは迷妄への道である——その当たり前のことを私は恩師の姿を通して学ばされた。そして、偽書の中から埋もれた真実を探そうとする考え方も、結局は、自分の先入観が作り上げた「真実」を偽書の中に求めようとする恣意《しい》的な行為に他ならないのではないか、という反省を抱くようになった。

さらに私を驚かせたのは、九五年、偽書や異説を教義に取り込んでいるということで以前から注目していた宗教団体・オウム真理教によるテロ行為やその他の犯罪が明らかにされたことである。偽書の記述を「真実」として信じ込む思考と、反社会的行為を正当化する心理とは無関係とはいえないのではないか。私は、自らの内から沸き上がるこの問いに悩まされることになった。

以上の経緯から、私は偽書研究の方法を改め、偽作者の想像力の有り様や、それを受け入れ信奉する側の心理、社会的影響などに重点を置いて調査や考察を行うようになった。

とはいえ、『東日流外三郡誌』事件やオウム真理教関連事件を経ても、偽書への関心を失うことがなかったというのは、やはり偽書の魅力を取りつかれ続けていたからだろう。その意味では、私は四十年以上前から一貫したテーマを追求してきたことになる。

本書が読者の役に立てるなら、私のこれまでの歩みも無駄ではなかったことになる。その判定は、今、本書を手にとっておられる貴方《あなた》に委ねたく思う。

最後になるが、講座企画を担当された栄中日文化センターの竹内エリ様、出版へ向けて協力いただいた三猿舎の中村和裕様に謹んでお礼申し上げる次第である。

二〇二〇年二月

原田　実

参考文献

山田孝雄「所謂神代文字の論」上・中・下『藝林』一九五三年一～三月号
安倍能成編『狩野亨吉遺文集』岩波書店、一九五八年
久松潜一『日本歌論史の研究』風間書房、一九六三年
勝部真長『「和論語」の研究』至文堂、一九七〇年
佐伯有清『研究史　戦後の邪馬台国』吉川弘文館、一九七二年
佐伯有清『研究史　広開土王碑』吉川弘文館、一九七四年
市浦村史編纂委員会編『市浦村史資料編　東日流外三郡誌』全3巻　一九七五～七七年
盛田嘉徳『河原巻物』法政大学出版局、一九七八年
松本善之助『ホツマツタへ』毎日新聞社、一九八〇年
今田洋三『江戸の禁書』吉川弘文館、一九八一年
徳川義宣『新修徳川家康文書の研究』吉川弘文館　一九八三年
大内義郷校注『神代秘史資料集成』全3巻　八幡書店、一九八四～八五年
小舘東三・藤本光幸編『東日流外三郡誌』全6巻＋補巻　北方新社、一九八四～八六年
神伝富士古文献編纂委員会編『神伝富士古文献大成』全7冊　八幡書店、一九八六年
ノーマン・コーン著／内田樹訳『シオン賢者の議定書』ダイナミックセラーズ、一九八六年
田中勝也『異端日本古代史書の謎』大和書房、一九八六年
三浦一郎『九鬼文書の研究』八幡書店、一九八七年
三輪義熈『富士古文献考証』八幡書店、一九八七年
阿部謹也『ハーメルンの笛吹き男　伝説とその世界』ちくま文庫、一九八八年
カルロ・ギンズブルグ著／竹山博英訳『神話・寓意・徴候』せりか書房、一九八八年
原田実『幻想の超古代史』批評社、一九八九年
原田実『日本王権と穆王伝承』批評社、一九九〇年

脇田修『河原巻物の世界』東京大学出版会、一九九一年
原田実『もう一つの高天原』批評社、一九九一年
『別冊歴史読本特別増刊 「古史古伝」論争』新人物往来社、一九九三年
松田修『江戸異端文学ノート』青土社、一九九三年
安本美典編『「東日流外三郡誌」偽書の証明』廣済堂出版、一九九四年
安本美典『虚妄の東北王朝』毎日新聞社、一九九四年
『別冊歴史読本特別増刊 予言されたハルマゲドン』新人物往来社、一九九五年
原田実『幻想の津軽王国』批評社、一九九五年
網野善彦『日本中世史料学の課題』弘文堂、一九九六年
大倉精神文化研究所編『近世の精神生活』続群書類従完成会、一九九六年
萱沼紀子『安藤昌益の学問と信仰』勉誠社、一九九六年
原田実『幻想の古代王朝』批評社、一九九八年
松本健一『真贋』幻冬舎アウトロー文庫、一九九八年
原田実『幻想の荒覇吐秘史』批評社、一九九九年
山本英二『慶安御触書成立試論』日本エディタースクール出版部、一九九九年
池田満『ホツマ辞典』ホツマ刊行会、一九九九年
古代文学会編『祭儀と言説』森話社、一九九九年
原田実編・三上強二監修『津軽発『東日流外三郡誌』騒動』批評社、二〇〇〇年
藤野七穂「偽史源流行」『歴史読本』二〇〇〇年一月号〜二〇〇一年十二月号
大塚英志『定本物語消費論』角川文庫、二〇〇一年
井田進也『歴史とテクスト』光芒社、二〇〇一年
佐藤弘夫『偽書の精神史』講談社選書メチエ、二〇〇二年
錦仁・小川豊生・伊藤聡編『「偽書」の生成』森話社、二〇〇三年
山本英二『慶安の触書は出されたか』山川出版社、二〇〇二年

久野俊彦・時枝務編『偽文書学入門』柏書房、二〇〇四年
日野龍夫『江戸人とユートピア』岩波現代文庫、二〇〇四年
『別冊歴史読本　徹底検証・古史古伝と偽書の謎』新人物往来社、二〇〇四年
小川豊生ほか責任編集『日本古典偽書叢刊』全3巻　現代思潮新社、二〇〇四〜〇五年
森村宗冬『義経伝説と日本人』平凡社新書、二〇〇五年
原田実『古史古伝　異端の神々』ビイング・ネット・プレス、二〇〇六年
川平敏文『兼好法師の虚像』平凡社選書、二〇〇六年
原田実『図説・神代文字入門』ビイング・ネット・プレス、二〇〇七年
志水一夫『トンデモ超常レポート傑作選』楽工社、二〇〇七年
勝村公『「武功夜話」異聞』批評社、二〇〇八年
原田実『トンデモ偽史の世界』楽工社、二〇〇八年
原田実『日本の神々をサブカル世界に大追跡』ビイング・ネット・プレス、二〇〇八年
と学会『トンデモ本の世界Q』楽工社文庫、二〇〇九年
神奈川徐福研究会・神皇室紀刊行部会『現代語訳　神皇紀』今日の話題社（発売）、二〇一一年
ASIOS・奥菜秀次・水野俊平『検証　陰謀論はどこまで真実か』文芸社、二〇一一年
原田実『トンデモ日本史の真相　史跡お宝編』文芸社文庫、二〇一一年
原田実『トンデモ日本史の真相　人物伝承編』文芸社文庫、二〇一一年
原克昭『中世日本紀論考』法蔵館、二〇一二年
久米晶文『「異端」の伝道者　酒井勝軍』学研パブリッシング、二〇一二年
徳川黎明会徳川林政史研究所監修『江戸時代の古文書を読む　家康・秀忠・家光』東京堂出版、二〇一二年
山本直孝・時枝務編『偽文書・由緒書の世界』岩田書院、二〇一三年
千本英史編『「偽」なるものの「射程」』アジア遊学一六一号　勉誠出版、二〇一三年
小川豊生『中世日本の神話・文字・身体』森話社、二〇一四年
原田実『江戸しぐさの正体』星海社新書、二〇一四年

藤本正行・鈴木眞哉『新版　偽書『武功夜話』の研究』洋泉社歴史新書y、二〇一四年
山本眞功『偽書『本佐録』の生成』平凡社選書、二〇一五年
伊藤聡『神道の形成と中世神話』吉川弘文館、二〇一六年
菊池勇夫『義経伝説の近世的展開』サッポロ堂書店、二〇一六年
河野有理『偽史の政治学』白水社、二〇一六年
原田実『江戸しぐさの終焉』星海社新書、二〇一六年
小澤実編『近代日本の偽史言説』勉誠出版、二〇一七年
原田信男『義経伝説と為朝伝説』岩波新書、二〇一七年
河内昭圓『三教指帰と空海』法蔵館、二〇一七年
一田和樹『フェイクニュース』角川新書、二〇一八年
呉座勇一『陰謀の中世日本史』角川新書、二〇一八年
原田実『オカルト化する日本の教育』ちくま新書、二〇一八年
原田実『偽書が描いた日本の超古代史』KAWADE夢文庫、二〇一八年
吉田唯『神代文字の思想』平凡社、二〇一八年
馬部隆弘『由緒・偽文書と地域社会』勉誠出版、二〇一九年
斉藤光政『戦後最大の偽書事件「東日流外三郡誌」』集英社文庫、二〇一九年
原田実『天皇即位と超古代史』文芸社文庫、二〇一九年
藤原明『日本の偽書』河出文庫、二〇一九年
藤原明『偽書『東日流外三郡誌』の亡霊』河出書房新社、二〇一九年
ASIOS『昭和・平成オカルト研究読本』サイゾー、二〇一九年
村井祐樹『六角定頼』ミネルヴァ書房、二〇一九年
原田実『捏造の日本史』KAWADE夢文庫、二〇二〇年
藤原明『幻影の偽書『竹内文献』と竹内巨麿』河出書房新社、二〇二〇年
吉田唯『神仏習合の手法』新典社研究叢書、二〇二〇年

書名別索引

＊数字は本書中の章を示す。

著　者

原田　実　はらだ・みのる

1961年広島市生まれ。龍谷大学卒業。八幡書店勤務、昭和薬科大学助手を経て、歴史研究家。と学会会員。ASIOS（超常現象の懐疑的調査のための会）会員。偽史・偽書の専門家。著書に、『オカルト「超」入門』『江戸しぐさの正体──教育をむしばむ偽りの伝統』『江戸しぐさの終焉』（星海社新書）、『オカルト化する日本の教育』（ちくま新書）、『つくられる古代史─重大な発見でも、なぜ新聞・テレビは報道しないのか』（新人物往来社）、『もののけの正体』（新潮新書）、『捏造の日本史』（KAWADE夢文庫）など多数。

組版：キャップス

偽書《ぎしょ》が揺《ゆ》るがせた日本史《にほんし》

2020年3月12日　第1版第1刷印刷
2020年3月25日　第1版第1刷発行

著　者　原田　実
発行者　野澤伸平
発行所　株式会社山川出版社
東京都千代田区内神田1－13－13　〒101－0047
電話　03(3293)8131(営業)
03(3293)1802(編集)
印　刷　株式会社太平印刷社
製　本　株式会社ブロケード
装　丁　黒岩二三［fomaihaut］
https://www.yamakawa.co.jp/

造本には十分注意しておりますが、万一、乱丁・落丁本などがございましたら、小社営業部宛にお送りください。送料小社負担にてお取替えいたします。
定価はカバーに表示してあります。

ISBN 978-4-634-15163-5